MEDITACIÓN

Técnicas De Meditación Para Relajarse Y Aliviar La Ansiedad

(Guía De Mindfulness Para La Auto Disciplina Y El Éxito)

Carl Pagan

Publicado Por Daniel Heath

© **Carl Pagan**

Todos los derechos reservados

Meditación: Técnicas De Meditación Para Relajarse Y Aliviar La Ansiedad (Guía De Mindfulness Para La Auto Disciplina Y El Éxito)

ISBN 978-1-989808-45-0

Este documento está orientado a proporcionar información exacta y confiable con respecto al tema y asunto que trata. La publicación se vende con la idea de que el editor no esté obligado a prestar contabilidad, permitida oficialmente, u otros servicios cualificados. Si se necesita asesoramiento, legal o profesional, debería solicitar a una persona con experiencia en la profesión.

Desde una Declaración de Principios aceptada y aprobada tanto por un comité de la American Bar Association (el Colegio de Abogados de Estados Unidos) como por un comité de editores y asociaciones.

No se permite la reproducción, duplicado o transmisión de cualquier parte de este documento en cualquier medio electrónico o formato impreso. Se prohíbe de forma estricta la grabación de esta publicación así como tampoco se permite cualquier almacenamiento de este documento sin permiso escrito del editor. Todos los derechos reservados.

Se establece que la información que contiene este documento es veraz y coherente, ya que cualquier responsabilidad, en términos de falta de atención o de otro tipo, por el uso o abuso de cualquier política, proceso o dirección contenida en este documento será responsabilidad exclusiva y absoluta del lector receptor. Bajo ninguna circunstancia se hará responsable o culpable de forma legal al editor por cualquier reparación, daños o pérdida monetaria debido a la información aquí contenida, ya sea de forma directa o indirectamente.

Los respectivos autores son propietarios de todos los derechos de autor que no están en posesión del editor.

La información aquí contenida se ofrece únicamente con fines informativos y, como tal, es universal. La presentación de la información se realiza sin contrato ni ningún tipo de garantía.

Las marcas registradas utilizadas son sin ningún tipo de consentimiento y la publicación de la marca registrada es sin el permiso o respaldo del propietario de esta. Todas las marcas registradas y demás marcas incluidas en este libro son solo para fines de aclaración y son propiedad de los mismos propietarios, no están afiliadas a este documento.

TABLA DE CONTENIDO

Parte 1 1
Introducción 2
Capítulo 1: Medite, No Medique 7
Capítulo 2: Libere Su Mente Y Enfóquese 15
Capítulo 3: El Entorno Lo Es Todo 23
Capítulo 4: Libérese Y Sólo Respire 35
Capítulo 5: Meditación Transcendental 41
Capítulo 6. Las Diferentes Formas De Meditación 50
Conclusión 54
Parte 2 56
Meditación: ¿Qué Es Y Por Qué Me Debe Importar? 57
HISTORIA DE LA MEDITACIÓN. 58
BENEFICIOS DE SALUD FÍSICA. 59
BENEFICIOS DE SALUD MENTAL. 61
DISMINUCIÓN DEL ESTRÉS Y ANSIEDAD. 62
ALIVIANDO LA DEPRESIÓN 67
MEJORAR EL ENFOQUE Y LA CONCENTRACIÓN. 69
BENEFICIOS ESPIRITUALES 75
Así Que ¿Cómo Inicio Si Nunca Antes He Meditado? 80
TONOS ISOCRÓNICOS. 82
MEDITACIÓN DE ATENCIÓN PLENA. 84
¿Cuánto Tiempo Debo Meditar? 87
ENCONTRANDO TIEMPO PARA MEDITAR CON TU APRETADA AGENDA 87
LOS BENEFICIOS DE LA MEDITACIÓN DIARIA. 87
ENCONTRANDO TIEMPO PARA MEDITAR CON UNA APRETADA AGENDA
.... 88
CALIDAD SOBRE CANTIDAD 89

- Cómo Meditar En Donde Sea 89
- Encuentra El Mejor Momento Para Meditar 91
- ¿Cómo Debo Sentarme? 93
- Mantras: ¿Qué Hacen? Y ¿Necesito Usarlos? 102
  - Cómo Funcionan Los Mantras 103
  - Ejemplos De Mantras 104
  - Como Transforman Los Mantras 106
- ¿Qué Pasa Si No Puede Quedarme Quieto? 108
  - Cuándo Y Dónde 109
  - Preparación 110
  - Caminata De Meditación 111
- Guía Para La Meditación De Atención Plena 115
  - Ambiente 116
  - Postura 117
  - Enfoque 118
  - Respiración 118
  - Pensamientos 119
- Meditación Taoista 121
- ¿Cómo Funciona? 123
- Meditación Zen 127
  - Filosofía Sanadora 127
  - ¿Cómo Funciona? 128
  - Beneficios 131
- Meditación Guiada 132
  - ¿Cómo Funciona La Meditación Guiada? 133
  - Poderosos Beneficios De La Meditación Guiada. 137
- Otras Técnicas De Meditación 138
  - Meditación De Yoga 139
  - Tai Chi 140
  - Meditación Trascendental 141

Cómo Meditar Para Dormir 143
PRIMER PASO: 143
SEGUNDO PASO: 144
TERCER PASO:.. 145
CUARTO PASO:... 145

Pensamientos Finales 147

Parte 1

Introducción

La meditación tiene la capacidad y el potencial para alterar completamente su vida, si se hace correctamente. Este libro tiene un doble propósito. Está diseñado para convencerle de que la meditación es algo que debería implementar inmediatamente en su vida y para enseñarle los fundamentos de las técnicas apropiadas de meditación. Como psiquiatra veterana, puedo decirle con confianza que CUALQUIERA puede beneficiarse de la meditación diaria. Las personas tienen la tendencia de estresarse tan tensamente que eventualmente ´estallan.´ La meditación le permite relajarse lentamente con el tiempo y le muestra como calmar su mente para que nunca más se estrese tan tensamente otra vez.

Este libro no ha sido escrito con la intención de ´decirle´ como debería estar meditando, sino más bien para ofrecerle sugerencias útiles que usted puede escoger implementar, o no. La llave de la meditación es tener en cuenta que es una experiencia enteramente personal. Nadie puede decirle que usted está meditando de la manera equivocada. Cada individuo medita de manera diferente y eso está totalmente bien. La meditación simplemente sirve como un medio para un fin; siendo este fin un comportamiento más calmado, disminuir el estrés generalizado y una mente más pacífica. Realmente no importa cómo llegue a este fin, mientras eventualmente llegue allí.Para algunos, obtener más paz en sus vidas sólo puede suceder si se lanzan en paracaídas una vez al mes, dándoles un torrente de adrenalina que los calma por completo.Sé que suena contradictorio, pero esto es personalmente una de las cosas que yo hago para calmarme.Encuentro que luego de un enorme torrente de adrenalina todo lo demás en la vida parece menos importante.Sin embargo como usted esta leyendo este libro, asumo que su interés no está en el paracaidismo, sino en la meditación.Junto con el paracaidismo una vez al mes, medito dos veces al día, sin importar qué. Mis sesiones duran alrededor de 15-20 minutos y realmente hacen la diferencia en mi vida. Les recomiendo la meditación a todos mis pacientes y muchos de ellos han visto un gran éxito con esta práctica.

Creo que la principal razón por la cual las personas no ven resultados con la meditación es porque no se comprometen completamente a una rutina estricta de meditación, y cuando meditan no se permiten a sí mismos perderse en la experiencia. Para tener una experiencia de meditación exitosa debemos desconectar cualquier distracción, ¡incluyendo teléfonos celulares y computadoras! La meditación es una práctica ancestral y ¿Por qué usted cree que ha permanecido por tanto tiempo en este planeta? Porque realmente obra maravillas en el bienestar mental y físico.La meditación hará su vida mejor si la hace todo el tiempo.En mi opinión, la mejor parte sobre la meditación es que es gratis y literalmente cualquiera puede comenzar a hacerla inmediatamente.La mente humana es una herramienta inmensamente ponderosa, tiene el poder de mejorarnos, o destruirnos.

Dominar su mente es más sencillo de lo que usted cree si está dispuesto a dedicarle tiempo. Meditando frecuentemente se permite a si mismo familiarizarse con su mente. Esto podría sonar extraño ya que usted podría pensar que ya está familiarizado con su mente, pero piénselo otra vez. La vida moderna se ha vuelto tan imparable y ocupada que la mayoría de nosotros no tenemos tiempo para relajarnos realmente.La idea de relajarse de la mayoría de las personas incluye ver programas en la televisión, escuchar música y otras actividades similares. Aunque estas actividades pueden ser divertidas, no lo están haciendo una persona más atenta. Para la mayoría de las personas, el único momento que pasan a solas con sus propios pensamientos son los pocos minutos antes de quedarse dormidas. ¿Nunca se ha despertado luego de un sueño y se ha sentido como si estuviese totalmente renovado y como si tuviese todas las respuestas a las preguntas que tenía? Eso es lo que la meditación puede hacer por usted todos los días si domina este arte. Permítame llevarlo a través de los fundamentos del mágico arte de la meditación. ¡Su verdadera paz y felicidad es justo a la vuelta de la esquina!

Capítulo 1: Medite, no Medique

Mantener la calma en situaciones estresantes puede ser increíblemente difícil. Estamos plagados con cuotas diarias de estrés cada día. El estrés puede tener un impacto en todos los aspectos de nuestras vidas. Desafortunadamente, cuando nos enfrentamos a una gran cantidad de estrés, usualmente no sabemos cómo lidiar con estas situaciones. Durante nuestras vidas pueden ocurrir ciertas situaciones que no sólo nos llenen de una inmensa cantidad de estrés, sino que también nos dejan cicatrices bastante duraderas. Mientras que un estrés menor es normal, si usted está enfrentando una gran cantidad de estrés que afecta su vida diaria, debería encontrar formas de reducir este estrés. Para algunos, la solución para lidiar con el estrés podría ser diferente a los demás. Algunos individuos podrían elegir visitar su centro de salud local y solicitar medicamentos ansiolíticos y antidepresivos. Aunque estos medicamentos lo atontarán y no lo dejarán sentir la misma cantidad de estrés que podría haber estado sintiendo antes, no debería recurrir a la medicación para aliviarse inmediatamente. Afortunadamente, hay otras alternativas naturales que pueden y deberían ser utilizadas en lugar de agresivos medicamentos llenos de químicos. Usted quiere resolver el problema desde la raíz; no disimularlo atontando sus sentidos.Solucionar con parchos sólo lo ayudará hasta que el verdadero problema levante su horrible cara. Alternativas tales como las saludables vitaminas, el ejercicio y la meditación, y otros remedios naturales son grandes soluciones para el estrés, la ansiedad y la depresión. Ejercitar mentalmente su cerebro a través de la meditación también ayuda a disminuir los síntomas de la ansiedad, el estrés y la depresión de una manera saludable y controlada.

Existen fundamentos básicos para meditar que deben ser seguidos. Estos fundamentos incluyen pero no se limitan a; liberar su mente de pensamientos y preocupaciones, sentarse en una posición cómoda, conseguir un espacio tranquilo, respirar profundamente y enfocarse. La meditación es en efecto un ejercicio mental que le permite a un individuo enfocarse en un estímulo, ya sea una palabra, un lugar, un individuo, un sentimiento o en la nada. Una persona debe permanecer quieta durante la meditación y mantener su mente concentrada en una cosa. Parte de la razón por la cual la meditación funciona tan bien con la ansiedad y la depresión es porque le ayuda a uno a ganar control. Cuando un individuo esta plagado con un desorden de ansiedad, con frecuencia no se sienten bajo control. Estos individuos no sienten que tengan el control de sus propios sentimientos, acciones, o el mundo al rededor de ellos. Por ejemplo, una persona con desorden de ansiedad puede tenerle mucho miedo a tomar un vuelo pero escoge hacerlo de todas formas. Una vez en el aire, puede comenzar a tener un ataque de pánico. Durante este ataque de pánico hay un millón de pensamientos que estarán pasando por su mente.Uno de estos pensamientos puede ser que no controla el avión. ¿Y si quisiera salir del avión? Bueno, no puede porque el avión esta en el aire y la única forma de bajar es aterrizar. ¿Y si enloquece y ocasiona una escena con los otros pasajeros y las aeromozas porque es incapaz de controlar sus propias emociones? Todos estos son pensamientos que pueden pasar por la mente de un individuo que tiene un desorden de ansiedad. La falta de control es lo que realmente lo convierte en un desorden abrumador. Cuando está ansioso, por lo general aumentan los latidos de su corazón y también aumenta su presión sanguínea. Con la meditación, a través del tiempo, tendrá la posibilidad de enseñarse a si mismo a mantener la calma en todas las situaciones.Aprender técnicas de meditación que puedan ser usadas a diario es increíblemente útil para aquellos que sufren de ansiedad ya que comienzan a sentirse más al control de las situaciones cuando son capaces de controlar lo que sucede dentro de sus cuerpos. La meditación no sólo beneficia a las personas con desórdenes mentales sino que ¡puede ser un agregado asombrosamente útil para la vida de cualquiera!

Cuando usted entra en pánico, pierde el control. Puede comenzar a hiperventilar, puede sudar, los latidos de su corazón aumentarán y usted será incapaz de pensar correctamente. La meditación realmente puede enseñarle cómo controlar sus pensamientos y su cuerpo perfectamente. Cundo aprende nuevas formas de controlar sus emociones y pensamientos automáticos, es menos propenso a tener ataques de pánico. El pánico con frecuencia lleva a pensamientos de muerte de otras personas, o de morirse y a otros pensamientos que son anormales y por lo general, altamente desagradables. ¿Se estrellará este avión? ¿Moriré hoy de un infarto? ¿Y si enceguezco cuando esté conduciendo a casa y choco? Estos son todos pensamientos irracionales pero reales, en los que una persona con desorden de ansiedad puede empezar a pensar durante un ataque de pánico, o en el principio de su día a día. Una vez que sea consiente de cómo reemplazar sus pensamientos negativos llenos de preocupación y miedo con pensamientos positivos, la cantidad de ataques de pánico y el estrés general que tiene disminuirán significativamente. Elimine los pensamientos nocivos llenos de peligro y miedo con acciones y pensamientos positivos a través de la herramienta de la meditación. Meditar a diario ayudará a prevenir ataques de pánico así como disminuirá sus niveles diarios de estrés.

Con frecuencia nos abrumamos tanto por la vida que olvidamos relajarnos. Cuando no podemos relajarnos, tomamos una píldora para ello. Tomamos una píldora con el objetivo de conciliar bien el sueño durante la noche pero cuando despertamos y no tenemos nada de energía, tomamos una píldora para eso también. Aprender técnicas de meditación puede eliminar fármacos nocivos de su vida y animarlo a tener un estilo de vida saludable. Una vez que comience a meditar, puede que entonces quiera comer mejor y comience a ejercitarse más también. Personalmente no me gusta hacer ejercicio en las mañanas hasta no haber hecho al menos 10 minutos de meditación. Incorporar una dieta saludable con la meditación y una buena rutina de ejercicio es la mejor receta para una mente saludable, un cuerpo saludable, y un alma saludable. Gane el control de su vida a través de la meditación y elimine la energía y los pensamientos negativos.

Cuando medita, puede observarse a si mismo. Puede realmente pensar en usted mismo como persona. Este tipo de evaluación introspectiva es increíblemente importante para el desempeño personal y laboral. Cualquier cosa que queramos lograr u obtener puede suceder siempre y cuando pongamos nuestras mentes en ello. La meditación nos anima a desensibilizarnos de cualquier pensamiento negativo o restricciones que pudiéramos tener. Cualquier miedo, preocupación o inquietud puede ser eliminado de nuestras vidas a través de la meditación. En lugar de tomar un viaje al doctor por una prescripción, tome una esterilla, encuentre un lugar tranquilo, enfóquese, respire y aprenda a relajarse. Se sorprenderá de lo que se puede lograr cuando simplemente pone su mente en algo y se enfoca profundamente sin ninguna distracción exterior o pensamientos nocivos. Despréndase de cualquier negatividad en su vida y aprenda cómo manejar las situaciones apropiadamente a través de autoevaluaciones y observaciones. Cuando entendemos lo que estamos haciendo y porqué lo hacemos, se vuelve más sencillo eliminar esas acciones negativas de nuestras vidas. No se consuma y se abrume por sus problemas. Entiéndalos y elimínelos.

Capítulo 2: Libere su Mente y Enfóquese

¡Enfóquese! ¡Enfóquese! ¡Enfóquese! Incluso si en la nada. No importa qué tanto lo intentemos, a veces, es frecuente que se nos vuelva increíblemente difícil enfocarnos en lo que está en frente de nosotros. Habiendo dicho esto, cuando estamos tratando de meditar, este problema definitivamentepuede presentar un obstáculo en el proceso. La meta es, o liberar su mente de cualquier y todo pensamiento, ya sean positivos o negativos, o enfocarse estrictamente en pensamientos positivos. Cuando esté enfocado y calmado su vida mejorará, es realmente así de simple. No pase la vida constantemente estresado y bajo presión cuando no tiene que hacerlo. Aunque se pueda sentir abrumado en ocasiones, como si no hubiese salida, afortunadamente, sí la hay.

Hay algunos fundamentos relacionados con el proceso del enfoque y la meditación, la primera cosa que usted querrá hacer es asegurarse de dormir una cantidad suficiente de tiempo cada noche. Ahora, esto es obviamente más sencillo de decir que de hacer. Tenemos niños, tenemos que trabajar hasta tarde y a veces incluso tenemos insomnio. Desarrollar un mejor ciclo de sueño le ayudará a ser un individuo equilibrado por completo.Algunas personas sobreviven del café y píldoras energéticas para seguir adelante y seguir avanzando a lo largo del día, de cualquier manera estas alternativas no son siempre las mejores soluciones o las más saludables que hay. La meditación no sólo puede enseñarle cómo enfocarse sino que también incrementa la cantidad de energía que tenga a lo largo del día.

Cuando comienza a meditar al principio de su día a día, se convierte más en una rutina. También se hace más sencillo meditar cuando lo incorpora a su rutina diaria. Mientras más medite, más efectivo es el proceso. Si usted intentó meditar una vez y se le hizo difícil, está bien.Nos toma tiempo adquirir las habilidades necesarias cuando intentamos tener una experiencia de meditación saludable. Para meditar efectivamente, hay algunos pasos que se deben seguir con el objetivo de lograr el efecto completo de la meditación y las cosas increíbles que puede hacer por nuestra mente, nuestro cuerpo y nuestra alma.

Dormir lo suficiente, como se discutió antes puede ser difícil pero definitivamente es posible. Afortunadamente, somos capaces de enfocarnos mejor al dormir poco, cuando somos más jóvenes. De cualquier forma cuando envejecemos, esto suele cambiar. Una vez que entramos a la adultez, si realmente queremos ser productivos en la vida debemos enfocarnos en dormir lo suficiente por tantas noches a la semana como sea posible. Dormir entre siete y ocho horas durante la noche usualmente es lo mejor. Tenga en mente que usted no querrá dormir menos de siete-ocho horas, o más de siete-ocho horas porque dormir demasiado también puede afectarlo de forma negativa. Para algunos de nosotros puede ser difícil lograr esto y dormir por esta cantidad de tiempo.

Tenemos niños, parejas que roncan, y otros disturbios a los que podemos estar enfrentándonos durante la noche. Asegurarnos de que recibimos la cantidad adecuada de sueño cada noche es crucial para el proceso de meditación. Encontrar el tiempo para dormir es difícil pero debe, o establecerse una hora para dormir, o encontrar tiempo durante el día para tomar siestas para intentar recuperar las horas de sueño perdidas durante la noche. De cualquier forma que lo haga, asegúrese de que sus patrones de sueño seanoportunos, consistentes y efectivos.

Eliminar las distracciones es otro aspecto importante de la meditación. La meditación se trata por completo de relajarse. La meditación lo lleva a encontrar paz con usted mismo y con su mente. Si hay ruidos estridentes, conversaciones, u otras cosas sucediendo alrededor de usted, será muy difícil que se enfoque. Mientras esté meditando intente permanecer en la zona. Debe desintonizarse de lo que esté a su alrededor. Apague su teléfono celular y cualquier televisor que pueda estar cerca y sólo piérdase en usted mismo.

Cuando sea capaz de desintonizarse del mundo, comenzará a verdaderamente entenderse a usted mismo.Encuentre su zona. No piense en el tiempo, el espacio, que será de la cena o la limpieza del hogar, piérdase en el momento de la meditación. Frecuentemente estamos tan ocupados con nuestras vidas normales y la rutina que aclarar nuestras mentes es increíblemente difícil. Cuando nos enfocamos en la vida, la escuela, nuestros hijos, el trabajo y otras cosas que toman nuestro tiempo y energía, es difícil dejar ir esos pensamientos, incluso si es por un corto tiempo.

Una manera de animarse a la meditación es llevar a cabo esta actividad unas cuantas veces al día. Ahora, sé que esto puede parecer extremo, pero no lo es. La meditación usualmente requiere una cantidad significativa de tiempo, digamos 10-20 minutos más o menos, dicho esto, no tiene que ser así. Cuando pasamos de un área de nuestras vidas a otra, se vuelve difícil para nosotros procesar esto. Por ejemplo, cuando salimos del trabajo y vamos directo al modo mami/papi o esposa/esposo en casa, podemos sentirnos abrumados, como si el trabajo nunca terminara. Intente tomar unos cuantos minutos a diario luego de cada fase transicional para meditar. Durante este tiempo se pueden hacer cantidades cortas de meditación. Tómese unos cuantos minutos y deje su ´yo´ del trabajo atrás, ordene sus ideas y deje ir esa parte de su día por completo antes de entrar en su siguiente fase transicional.

Trabajar solo puede ser increíblemente abrumador. Debemos encontrar tiempo en nuestro día para ver el final de nuestro día de trabajo y entonces prever que nos aguarda en casa. Dicho esto, debe darse ese tiempo dentro de la fase transicional para ordenar sus ideas y procesar sus siguientes pasos. Cuando cambia nuestro entorno, también lo hacen nuestros pensamientos, sentimientos y acciones. Este momento puede ser utilizado para dejar atrás cualquier energía negativa que se pudiera haber desarrollado en el trabajo, y comenzar renovado con la nueva transición. Intente tomarse el tiempo mientras viaja diariamente al trabajo y de regreso de éste para dejar ir cualquier energía negativa. Si está de camino al trabajo, intente no pensar en la discusión que tuvo con su ser querido esa mañana o en lo que necesita hacer cuando regrese a casa. Libere su mente de cualquier pensamiento, de esa manera será capaz de comenzar su día de trabajo con el tablero en blanco.

Intente concentrarse en áreas positivas y saludables mientras esté manejando. Esta es su zona. Su zona puede ser cualquier cosa,desde una isla desierta a una tranquila cabaña en las montañas. Esta acción hace alusión a la meditación visual. Cuando somos capaces de visualizar una idea o lugar y enfocarnos solamente en ese lugar, esto es considerado meditación visual.

Este tipo de meditación es efectivo ya que nos permite imaginar y visualizar lo que queremos en nuestras metes. Podemos,o visualizar un lugar en el que queramos pasar nuestras vidas, o tal vez unas vacaciones.Cual sea y donde sea que pueda ser este lugar, asegúrese de que sea capaz de liberar su mente cuando esté pensando en este hermoso lugar.

Siendo completamente honestos, pasará momentos increíblemente difíciles meditando si es incapaz de liberar su mente de los pensamientos cotidianos. Esto es algo que debe practicar y tomará tiempo. Sea paciente, con el tiempo entrenará su mente para despejarse cuando sea el momento indicado.

Capítulo 3: El Entorno lo Es Todo

Hay varios factores que hacen a la meditación efectiva. Un factor es el entorno en el que está ocurriendo la meditación. Es importante recordar que el ambiente de la meditación puede ser diferente para cada uno. Por ejemplo, algunos individuos pueden escoger meditar afuera, algunos individuos querrán meditar mientras practican yoga en una clase de yoga y otros pueden ser capaces de simplemente dejarse caer en su sala de estar, apagar la televisión y meditar. El proceso completo de meditación, aunque involucra diferentes factores, básicamente depende del entorno en el que se lleve a cabo. Probablemente no verá a un individuo meditando en el medio Disneylandia.Podría hacerlo, pero la probabilidad de que esto suceda es muy baja. Lo primero que necesita cuando medita, es un lugar tranquilo. Este lugar tranquilo puede ser cualquier parte en la que se sienta cómodo.No deje que las distracciones se interpongan en su proceso de meditación. La mayoría de los individuos necesitan un área tranquila libre de otras distracciones e individuos para realmente poder sumergirse en el proceso de meditación. Ya sea su familia o amigos, perro o gato, las distracciones pueden y muy probablemente, se interpondrán en su sesión de meditación libre de estrés.

Si realmente quiere fomentar el ambiente para meditar libre de distracciones, discútalo con su familia, amigos, compañeros de cuarto, o quien sea que pueda interrumpir este proceso. Programar una hora en específico del día para meditar es una buena manera de comenzar con esto. Si tiene un compañero/a de cuarto por ejemplo, déjele saber que cada noche a las 8:00PM estará meditando. Si es necesario, coloque un letrero de no molestar en la puerta si siente que se le podría olvidar. Cuando tiene expectativas y es proactivo al fijar el escenario para sus técnicas de meditación, tiene más probabilidad de alcanzar su meta. Ahora, dicho eso, tenga en cuenta que puede hacer todos los arreglos del mundo y aún así no ser capaz de controlar todo lo que suceda.Puede estar en un fantástico ciclo de meditación cuando su vecino decide hacer una fiesta a las 8:00PM con música increíblemente ruidosa y un montón de gente. Ahora, si eso sucede, está bien, puede que no sea capaz de tener una sesión de meditación completaesa noche, así que sólo asegúrese de exprimir un poco de tiempo para meditar en la mañana del día siguiente para compensarlo y relajarse.

Otro método, si algo como esto sucede, es intentar desintonizarse de los ruidos exteriores.Esta es una verdadera prueba de qué tan bien es capaz de meditar y cerrarse al resto del mundo.Puede que no sea posible para todo el mundo hacer esto, sin importar cuanto tiempo lleven meditando pero vale la pena intentar. Intente enfocarse en su respiración y en sus pensamientos internos y desintonice los ruidos externos. ¡Podría descubrir que es capaz de meditar a pesar de todo el ruido y la fiesta alocada de al lado! Tenga en cuenta que esto tomará mucho esfuerzo en enfocarse y concentrarse y puede que no esté a ese nivel todavía. Si no esta a ese nivel, está bien, ¡al menos lo intentó! Con el tiempo, lo estará. Si lo desea podría incluso buscar entornos ruidosos a propósito para realmente probar sus habilidades de meditación.

Una vez que sea capaz de eliminar la mayoría de los ruidos y disturbios a su alrededor, lo siguiente que querrá hacer es identificar un área específica de meditación en el que llevará a cabo la meditación. Ahora, este sitio ideal será diferente para todos los individuos, pero hay algunas pautas comunes que debe seguir. Por ejemplo, tener un área limpia donde pueda meditar. Es importante recordar que la meditación involucra liberar su mente y su cuerpo de cualquier cosa que le pueda estar impidiendo avanzar o bloqueándolo de otras cosas.Si el espacio en el que se encuentra esta sucio y desordenado,será difícil organizar su mente, si lo que esta viendo tambiénesta lleno de desorden. Dicho esto, no necesita pulir el área con sus manos todos los días, de cualquier forma, es importante mantener al área limpia y ordenada.

Mantener su espacio limpio y organizado le ayuda a mantener su mente organizada y limpia también. Aunque puede que no sea capaz de controlar la situación de su vivienda, de cualquier manera puede limpiar por usted y por los demás para asegurarse de estar viviendo en un área razonablemente limpia. La meta de la meditación es despejar las ideas y pensamientos negativos mientras equilibra su mente, cuerpo y alma. Dicho esto, organizar su mente también involucra organizar su casa o el espacio en el que vive. Si está intentando encontrar un lugar para sentarse en el suelo y meditar y no puede por la cantidad abrumadora de suciedad y basura que hay en el suelo, bien, esto es definitivamente un problema.

Dicho esto, aunque la mayoría de los individuos se sienten en el suelo para meditar, en realidad puede sentarse en cualquier parte mientras esté cómodo, porque ¡la comodidad es la llave¡ Si no esta cómodo, no será capaz de enfocarse y buscar realmente dentro de usted. Si esta incómodo físicamente, tampoco será capaz de estar cómodo en su interior. Personalmente tengo una pequeña cabaña río abajo y he dedicado ese lugar para que sea mi zona de meditación. Intente ser consistente con su zona de meditación, ya que esto le permitirá relajarse tan pronto como entre a su ambiente elegido.

Mientras meditan, algunas personas pueden elegir sentarse con sus piernas cruzadas, también conocida como la posición de loto, o simplemente puede sentarse en un sofá, cama o silla. En donde sea que se siente, debe estar lo suficientemente cómodo para permanecer en esa posición y mantener su mente en esa posición también. Si está cómodo será capaz de enfocarse en lo que está sintiendo en su interior, no estará enfocado en lo que esté sintiendo en el exterior. Es muy importante que escoja la comodidad en lugar de intentar hacer lo que hacen todos los demás. Si está cómodo en el sofá y no en el suelo, pero ha visto a la mayoría de los demás individuos meditando en el suelo, ¡no importa! Haga lo que sea mejor para usted. Mientras su cuerpo esté cómodo, puede meditar en cualquier parte. Buscar eliminar tantos estímulos exteriores como sea posible es una parte vital de la meditación.

Si es lo suficientemente afortunado para tener un cuarto de más, intente convertirlo en su propio cuarto de meditación. Haga de este espacio su zona libre de preocupaciones y estrés. Cualquier pensamiento o sentimiento negativo que tenga, déjelos tras la puerta y no los deje entrar a esta habitación. Añadir velas, aroma terapia y fragancias delicadas como lavanda y salvia traerá paz y una sensación de calma a la habitación. Aunque esto no sea posible para todos nosotros, si tiene la capacidad de tener un cuarto de meditación lo primero que debe hacer es asegurarse de que sea la habitación más limpia de su casa. Si es lo suficientemente afortunado para tener una habitación de más, no comience a usarla como un área de almacenaje para su chatarra, esta debe ser un habitación libre de chatarra. Debe ser un espacio abierto en el que pueda entrar en un estado de concentración tan profundo que nada más importe.

Tanga en cuenta que, aunque usted desee que el espacio esté limpio, también querrá asegurarse de tener todos los objetos de meditación necesarios en la habitación. Lo primero que necesitará (si es cómodo para usted) es un tapete para yoga. Puede comprar un tapete para yoga casi en cualquier parte hoy en día y no son demasiado costosas.Los tapetes para yoga vienen en diferentes colores y texturas así que encuentre uno que se adapte a usted.Antes de comprar el tapete, pruebe sentarse en él para asegurarse de que sea cómodo. Si quiere, y puede costearlo, compre unos cuantos tapetes de yoga para que pueda alternarlos y descubrir cuál de ellos le funcionará mejor. El tipo de tapete para yoga que compre dependerá básicamente del tipo de meditación que haga. Por ejemplo, si su tipo de meditación en específico involucra un tipo de yoga en específico como Bikram Yoga, asegúrese de que el tapete que escoja sea para Bikram Yoga. No querrá intentar hacer Bikram Yoga en un tapete de ejercicios regulares. Aunque sea posible, no hará la experiencia muy positiva. Cuando se trata de meditar, querrá asegurarse de estar siguiendo los pasos correctos. Eche un vistazo a cualquier tienda deportiva o busque en línea para comparar precios y encontrar ¡el mejor tapete para usted! Pero como se dijo anteriormente, no necesita un tapete si elige meditar en un sofá o en la cama, etc.

Ahora, echemos un vistazo a la temperatura de su habitación. Lo primero que querrá hacer es asegurarse de que su temperatura esté al rededor de 70 grados. La meta aquí es asegurarnos de que la temperatura no sea demasiado calurosa o demasiado helada ya que esto puede ser un distractor. Si está intentando meditar y se está congelando en la habitación, no será capaz de concentrarse, sólo será capaz de pensar en tomar un abrigo y envolverse. Si la habitación es demasiado calurosa, esto también será una distracción frustrante.

Fije el termostato en una temperatura agradable y asegúrese de que permanezca allí. Junto con la temperatura, verifique también la iluminación del cuarto. Intente dejar la habitación con iluminación natural, ya que la parte más importante de la meditación es sentirse uno con a naturaleza. La luz natural debería ser más que suficiente iluminación para meditar. Si medita durante la noche, asegúrese de tener una pequeña cantidad de luz en la habitación. No querrá que la habitación este tan iluminada que se sienta bajo un interrogatorio. Mantenga la iluminación como la temperatura, en un punto medio y estará bien. Sólo tenga en mente la palabra "calma" y deje que le guie cuando prepare su habitación.

Recuerde, con la sensación de calma vienen áreas limpias y puras, libres de adornos y desorden. Las habitaciones para meditar no necesitan estar decoradas. Con el fin de crear un ambiente más natural, intente añadir un sistema de parlantes al cuarto. Encuentre una estación relajante y presione reproducir. Tal vez esté escuchando las olas del mar o una corriente de agua bajando la montaña, lo que sea, asegúrese de que sea clamado y con eso me refiero que, no querrá intentar meditar con los éxitos musicales de Jay-Z o Kanye. Asegúrese de que la música sea natural y pacífica y llena de naturaleza.

Enfóquese en un espacio limpio y abierto, la temperatura perfecta y sonidos naturales y ¡estará listo para meditar y encontrar a su yo interno! Mejor aún, intente meditar afuera en la naturaleza. La meditación en exteriores es la preferida por muchas personas y le recomiendo fuertemente que o intente. Yo encuentro que meditar a orillas de un río o una playa son los mejores lugares para ir. El sonido del agua en movimiento se vuelve muy relajante y tiende a bloquear cualquier otro potencial sonido distractor en el área.

Capítulo 4: Libérese y Sólo Respire

Durante las prácticas de meditación, la respiración lo es todo. Aprender a controlar apropiadamente su respiración durante la meditación es crucial para lograr momentos de meditación exitosos. La meditación no es simplemente sentarse y zumbar con las piernas cruzadas. Se requiere mucho más en la meditación para realmente ser capaz de recibir el efecto completo de esta técnica. Las técnicas de respiración se utilizan para calmar todo su cuerpo.La respiración en la meditación se utiliza para encontrar paz y serenidad interior en mente y alma.

La única manera de que la meditación realmente funcione es que libere su mente de distracciones, se enfoque y respire.Cuando liberamos nuestra mente, somos capaces de respirar profundamente. Por ejemplo, cuando estamos estresados y bajo presión, nos tensamos. Cuando nos sentimos tensos, no somos capaces de respirar profundamente. Primero querrá asegurarse de que su postura sea la correcta.Si esta sentado desgarbadamente, no será capaz de inhalar profundamente.Encuentre una posición cómoda para sentarse, siéntese correctamente y comience a practicar sus técnicas de respiración.

Lo primero que debe hacer es poner atención en cómo esta respirando. Cuando comience a meditar, su foco es su respiración. Respirar profundamente y desde abajo es importante ya que ayuda a relajar su cuerpo. Tenga en cuenta que no será sencillo al principio. Tendrá que desintonizarse de todo en su entorno, tendrá que liberar y despejar su mente y sólo pensar y enfocarse en su respiración. Enfocarse en su respiración es mucho más sencillo decirlo que hacerlo, especialmente para alguien que esta constantemente ocupado y lleno de energía.

Meditar toma tiempo y práctica, específicamente, aprender a respirar efectivamente toma tiempo y una gran cantidad de práctica. Cuando comience a enfocarse en su respiración, comenzará a ser consciente de la cantidad de diferentespensamientos que pasan por su mente cada día y a cada momento. No nos damos cuenta de cuantos pensamientos tenemos en mente hasta que intentamos y los desintonizamos. Al principio será difícil no sumergirnos en estos pensamientos, en efecto, al principio es muy duro no dejar su mente divagar por estos pensamientos, pero con el tiempo será capaz de hacerlo con poco esfuerzo.

Aquí es donde entra en juego una gran cantidad de disciplina. Debe disciplinarse a usted mismo y a su mente y recordar que en ese momento sólo está enfocado en la manera en la que está respirando. Si encuentra que su mente continúa divagando, comience de nuevo. Comience de nuevo tantas veces como lo necesite hasta que sea capaz de enfocarse solamente en cómo está respirando. Con el tiempo, esta práctica de respiración permitirá que sus pensamientos perturbadores se disuelvan.

No dominará sus técnicas de respiración en una noche. La respiración, en la meditación, es uno de los primeros escalones de la meditación profunda pero puede ser increíblemente poderosa. Inmediatamente, una vez que seamos capaces de enfocarnos solamente en nuestra respiración y podamos eliminar todos los demás pensamientos de nuestra mente, comenzaremos a encontrar paz interior. Una gran parte de nuestro estrés es creado por nuestros pensamientos y miedos.Cuando nos encontramos enfocados en estos pensamientos y meditamos, enfocarnos en nuestra respiración y dejar ir esos miedos se vuelve sencillo y comenzamos a ganar más control sobre lo que va y viene por nuestra mente.

Encontrar una cantidad significativa de profunda satisfacción y felicidad puede ser logrado simplemente haciendo diez minutos de respiración profunda con la meditación todos los días. Cuando meditamos y nos enfocamos en nuestra respiración tendemos a sentirnos más calmados y relajados. Soltarnos de tensores innecesarios a través de la respiración en la meditación fomenta una mente libre y abierta que no está dispuesta dejar entrar la negatividad. Los problemas de salud frecuentemente son causados y/o detonados por el estrés. Saber que estos problemas pueden ser evitados o eliminados a través de la meditación podría ser un gran incentivo para que la gente se enfoque en sus habilidades de meditación.

Cuando esté practicando la respiración profunda, la técnica apropiada a usar es, inhalar por su nariz (el abdomen se expande mientras lo llena de aire), exhalar por su boca (el abdomen se desinfla mientras dejasalir todo el aire). Intente inhalar por cinco segundos y exhalar por cinco segundos. Haga esto por un minuto entero y luego repítalo, esta vez inhalando por diez segundos y exhalando por diez segundos. Observe qué tanto puede inhalar y exhalar sin entrar en pánico y sin perder su ritmode respiración.

La clave es permanecer en calma y asegurarse de que entre la máxima cantidad de aire durante la inhalación para que tenga bastante aire para expulsar una vez que exhale. Una vez que logre inhalar por treinta segundos y exhalar por treinta segundos, es probable que encuentre que se está volviendo muy difícil. Enfóquese en permanecer en calma y en respirar de la manera más eficiente posible y con la práctica pronto estará inhalando por un minuto y exhalando por un minuto, ¡o quizá incluso más!

Capítulo 5: Meditación Transcendental

La meditación transcendental es una forma de meditación común quepuede ser utilizada para tratar distintos tipos de dolencias. Este tipo de meditación se enfoca en evitar pensamientos negativos o perturbadores. Debería aliviar su mente el sólo saber que se puede hacer algo para eliminar y reducir los síntomas asociados a la menopausia.Una manera en la que se puede lidiar con la menopausia es a través de la meditación.

Todos los individuos pueden utilizar este tipo de meditación.Ha tenido una inmensa cantidad de éxito en todas las áreas y tambiénes la forma de meditación más ampliamente investigada hoy en día. Un instructor bien entrenado usualmente enseña este tipo de meditación. Para ser un instructor de meditación, simplemente debe amar su arte y literalmente practicar lo que predica. La práctica es la clave para éste y otros tipos de meditación. Sin la práctica, no será exitoso. Una de las diferencias de este tipo de meditación es el hecho de que se enfoca en el canto de salmos en lugar de sólo en la visualización.

Se enfoca un mantra o una visualización con el fin de disminuir el estrés, eliminar la ansiedad y trabajar en la introspección. Hay una técnica específica relacionada con la meditación transcendental. Lo primero que debe hacer es sentarse con sus ojos cerrados. Luego, se imaginará un mantra por 15-20 minutos.Este tipo de meditación ha sido visto tanto como religioso como no religioso, de cualquier manera se sigue practicando al rededor del mundo.Aprender a realizar este tipo de meditación requiere de la instrucción correcta. Escoger un mantra es una decisión totalmente personal. Hay varios mantras ancestrales que puede escoger, aquí hay una lista:

Si éstos no se adaptan a su gusto, no tema porque puede crear su propio mantra. Quizá tiene una palabra o frase favorita que evoque paz y clama en su mente. Experimente con diferentes mantras, escoja el que le funcione y repítalo constantemente mientras practique la meditación transcendental.

Un instructor de meditación transcendental debe ser un experto para enseñar la práctica efectivamente. Los costos de estos instructores pueden variar basados en la región en la que se enseñe el método. Para muchos, están dispuestos a pagar lo que sea para conocer las herramientas de este tipo de meditación debido a su aplastante éxito. Hay individuos que han tenido bastante éxito eliminando y disminuyendo sus síntomas de estrés y ansiedad sólo con la práctica de este tipo de meditación. Cuando estamos abrumados por el estrés y la ansiedad, por lo general puede tomarnos toda la vida aprender a sobrellevarlo, o quizá nunca aprendamos a hacerlo. Específicamente, si alguien está enfrentando un momento traumático en su vida como la menopausia, desorden de estrés post-traumático, o ansiedad, por lo general están en búsqueda de una salida.Los individuos comienzan a buscar una solución. Algunas mujeres se encuentran completamente abrumadas cuando comienzan a enfrentar los síntomas de la menopausia pero ¡la meditación es una gran solución para estos síntomas! Más específicamente, la meditación transcendental es una forma increíblemente popular de meditación que se ha distinguido por aliviar los síntomas de la menopausia de las mujeres.

Practicar este tipo de meditación en específico puede eliminar la fatiga y eliminar o reducir los cambios de humor que están frecuentemente vinculados a la menopausia.Esta forma de meditación también es buena ya que no sólo elimina los síntomas iniciales que una mujer pudiera enfrentar, sino que también le proporciona una vida más enriquecida, llena de una inmensa cantidad de alegría, lucidez y energía. Cuando nos sentimos mejor con nosotros mismos por dentro, esto definitivamente nos ayuda también con los síntomas que pudiéramos sentir por fuera.La meditación transcendental ayuda a todos los aspectos asociados a la menopausia. Hay muchas otras áreas y dolencias que pueden ser tratadas con este tipo de meditación en específico. Específicamente los aspectos psicológicos de la menopausia y otras dolencias tales como ansiedad, desorden de estrés post-traumático, y TDAH (Trastorno por déficit de atención con hiperactividad) sólo por nombrar algunos.

Cuando alguien está plagado con el dolor y el estrés del desorden de estrés post-traumático, por lo general es un momento increíblemente difícil en su vida. Enfocarse en el interior es el aspecto más importante de este tipo de meditación.Entrenar su forma de pensar es también un aspecto importante.Específicamente, los niños que sufren de TDAH presentan mucha dificultad para concentrarse. Los niños y adultos por lo general se avergüenzan por su inhabilidad para concentrarse en un tema o asunto.A través del tiempo, con la meditación transcendental, esto se puede eliminar.Cuando practique su concentración, esta aumentará. Prácticas de meditación como esta ayudan a entrenar a su cerebro para que se enfoque solamente en lo que tiene frente a usted.Cuando estamos ocupados, por lo general las cosas nos distraen fácilmente, una persona que sufre de TDAH, frecuentemente se consume por distracciones diarias que están fuera de lo normal.Estas distracciones pueden causar bastante estrés y otras emociones negativas.Con la meditación, usted será capaz de enseñarse a sí mismo a enfocarse y alinearse con sus pensamientos y con lo que sucede en su interior.

Cuando se alcanza este punto, las mujeres comienzan a buscar un nuevo significado a sus vidas, en diferentes áreas.Una manera de descubrirlo es a través de la meditación.La meditación obliga al individuo a buscar profundamente en su interior y encontrar su felicidad.Dicho esto, meditar lo lleva por un viaje a través de su alma.Cuando observa el interior, descubre partes de usted mismo que podrían no haber sido visibles antes. Cuando la meditación es hecha correctamente y dos veces al día tal como lo recomiendan la mayoría de los guías espirituales, encontrará autosuficiencia, encontrará un nuevo "yo" que es diferente de lo que usted solía ser. Cuando sepa quién es realmente usted como individuo, entonces será capaz de forjar relaciones más profundas con los demás. Cuando somos más jóvenes, generalmente estamos tan increíblemente ocupados con nuestras vidas, nuestros hijos, forjar nuestras carreras y cuidar de nuestros familiares que perdemos nuestra propia identidad. Esta identidad por lo general se pierde por nuestros ocupados horarios y la aplastante necesidad de cuidar de los demás antes de cuidar de nosotros mismos. La única manera de realmente encontrarnos a nosotros mismos es buscar en nuestro interior y encontrar nuestra alma.

La meditación transcendental trabaja reduciendo los niveles de ansiedad y disminuyendo el estrés. Cuando el cuerpo aprende a liberarse del estrés, en lugar de aferrarse a él, los demás síntomas relacionados con la menopausia, a la larga, comenzarán a disminuir. Practicar esta forma de meditación durante 20 minutos dos veces al día ayuda a disminuir la hormona del estrés, cortisol.Cuando está meditando, se encuentra en un estado de completarelajación, su cuerpo, mente y alma están completamente relajados y así su cuerpo se acostumbra a esto. Cuando sea capaz de disminuir la excesiva cantidad de estrés que tiene, se elevará su humor y entonces también será capaz de dormir mejor.En cuanto a los sofocos, éstos ocurren cuando su cuerpo alcanza un estado de calentamiento excesivo, estos sofocos pueden aumentar la sudoración, su piel puede enrojecerse y estará increíblemente acalorada. Aunque la causa específica de los sofocos es desconocida, lo que sí sabemos es que aprender a mantener la circulación y la hormona del estrés, el cortisol, a niveles bajos, disminuirá la posibilidad de tener sofocos.

La menopausia puede ser un momento desafiante para muchas mujeres. Es una época de cambios, pero esos cambios también pueden crear nuevas oportunidades y un nuevo punto de vista y perspectiva de la vida. Con la meditación transcendental, aprenderá a lidiar con el estrés y los síntomas relacionados con la menopausia de una manera saludable que le brindará las herramientas para también eliminar en conjunto el estrés diario.

La meditación transcendental es buena para todos los diferentes tipos de dolencias y problemas. Esta meditación es increíblemente efectiva y con la cantidad adecuada de tiempo y paciencia, certeramente encontrará el éxito con esta. Tomarse el tiempo para practicar diariamente puede hacerlo una persona más exitosa. No sólo será capaz de enfocarse, sino que también tendrá menos estrés en general. Una vez que comience a practicar la meditación transcendental, no querrá vivir una vida sin ésta.

Capítulo 6. Las Diferentes Formas de Meditación

Aunque pueda parecer como si sólo hubiese un tipo o forma de meditación, ese simplemente no es el caso. Por ejemplo, una forma de meditación se enfoca específicamente es aumentar las habilidades de concentración.

Concentrarse por lo general es más sencillo decirlo que hacerlo. Es difícil, tanto para niños como para adultos, enfocarse en algunos momentos. Por lo general nos distraemos con otros problemas y asuntos y tenemos dificultad para enfocarnos en asuntos importantes. Tenga en cuenta que durante esta forma de meditación, debe entrenar su mente.

Se debe entrenar a la mente para que se enfoque ya sea en la nada, o en un objeto en específico. El siguiente tipo de meditación es la meditación reflexiva. Esta forma específica de meditación se enfoca en disciplinar la concentración y en las habilidades para pensar. El primer paso con este tipo de meditación es elegir un tema, idea o pregunta y analizarlo por completo.Mientras más practique la meditación reflexiva, menor será la probabilidad de que su mente divague y sentirá más control. Reflexionar sobre cualquier cosa en la vida es necesario. Cuando es capaz de mirar hacia atrás en sus acciones, elecciones y decisiones, puede reflexionar en lo que siente que hizo bien y en aquello en lo que hubiese querido esforzarse más. Las reflexiones, ya sean personales o profesionales, son increíblemente importantes para el éxito.

La auto-reflexión le ayuda a mejorar en sentido general. Cuando reflexiona sobre la vida, sus habilidades de meditación, o cualquier otra cosa, es capaz de corregir áreas que necesitan ser corregidas, así como también de valorarse apropiadamente. Cuando esté meditando y utilice las herramientas de la meditación reflexiva puede pensar en cosas como identificar su verdadero propósito en la vida, puede pensar en quién es como individuo y en diferentes áreas de su vida. Tal vez reflexione en su título profesional o piense en cómo puede ayudar a los demás. En lo que sea que se encuentre reflexionando o pensando, asegúrese de no abrumarse con sus pensamientos. Encuentre una pregunta para enfocarse en ella durante cada sesión.Si se enfoca en demasiadas preguntas, no será capaz de proponer soluciones para los problemas o preguntas que tenga.

La meditación centrada en el corazón o de chakra, es otra forma popular de meditación. Cuando tiene una cantidad abrumadora de miedos o tristeza, la meditación que se enfoca en su corazón puede ser increíblemente poderosa y útil para intentar sobrellevar estos problemas. Este tipo de meditación le ayuda a liberarse de sus tristezas y miedos y dejar entrar nada sino amor, paz y bondad. La meditación del chakradel corazón le ayudará a sanar y a proteger su corazón con el tiempo. El chakra del corazón es increíblemente importante en el mundo de la meditación ya que generalmente este alberga energía negativa. Esta energía negativa por lo general está llena de tristeza y dolor. Cuando medita, esto ayuda a abrir el chakra del corazón y por lo tanto permite que se libere la energía negativa y estoa su vez permite que usted se libere de esos sentimientos dañinos e hirientes. Durante este tipo de meditación, es sabido que es más efectivo cuando piensa en alguien por quien tenga fuertes sentimientos mientras está meditando. Asegúrese de que quien sea en quien piense no le esté causando dolor.Usted querrá enfocarse en alguien positivo para su vida a quien ame y que le importe.Conectar su corazón a esa persona mental y emocionalmente, le ayudará a liberar su corazón de la energía negativa relacionada con los demás.

Conclusión

No pierda otro instante de su tiempo viviendo una vida sin la meditación. Le reto a crear una rutina de meditación, apegarse a ésta y no sentirse como una persona completamente rejuvenecida luego de sólo unos pocos días. No utilizar el arte de la meditación es una completa pérdida de potencial, en mi opinión.La mente es una herramienta poderosa, pero necesitamos estimularla regularmente si queremos que funcione de manera óptima. Sinceramente espero que comience a cosechar los beneficios de la meditación diaria.Espero que haya disfrutado de este libro y le deseo lo mejor es su búsqueda de una vida más pacífica, calmada y plena, llena de momentos fantásticos de meditación profunda.

Honestamente espero que aplique lo que haya aprendido de este libro en su vida diaria. Una cosa es leer acerca de una vida más iluminada, pero es completamente diferente cuando comienza a tomar los pasos necesarios para mejorar su vida.

Parte 2

Meditación: ¿Qué es y por qué me debe importar?

La meditación es la simple transformación de la mente del hombre a un estado más profundo de consciencia de sí mismo. Sus prácticas son técnicas que promueven el desarrollo de mayor concentración, claridad y calma al observar la verdadera naturaleza del mundo. Consiste en un estado de enfoque silencioso, a través del cual el individuo se siente en paz, pero al mismo tiempo vigorizado. Existe cierto número de beneficios comprobados, tanto físicos y mentales como espirituales, que resultan de comprometerse con la meditación, los cuáles serán explorados en su totalidad a lo largo de este libro. Al comprometerse con la meditación, el individuo logra cultivar un estilo de vida más positivo y desarrolla un entendimiento completamente nuevo de su vida.

Historia de la Meditación.

Aunque la historia registrada de la meditación es más bien escasa, sus raíces son conocidas por datar del mundo antiguo. Hace unos 5000 años, la meditación envolvía una práctica bien estructurada, a la que escritos de la India se refieren como tantras. Buda, uno de los mayores exponentes de la práctica en la historia, compartió sus enseñanzas alrededor del año 500 a.C. La meditación se extendió a lo ancho del continente asiático.Como resultado, culturas distantes la adaptaron, dándole su propia forma. Las prácticas de meditación budista e hinduista siguen siendo las más populares hasta nuestros días. Miles de años después, a mediados del siglo 20, la meditación ganó popularidad en la sociedad de occidente, luego de que algunas investigaciones descubrieron los múltiples beneficios asociados con la práctica de sus técnicas.

Beneficios de Salud Física.

La meditación ha comprobado, a lo largo de extensos estudios e investigaciones, disminuir significativamente la presión arterial. Las personas que meditan con regularidad incluso muestran un elevado funcionamiento del sistema inmunológico, principalmente debido a que este tiende a ser activado en menor grado durante una situación estresante. La meditación es de gran utilidad si una persona tiene una condición médica crónica, en especial aquellas que empeoran con el estrés. Algunas de las condiciones médicas con las que se ha ligado a la meditación son: hipertensión, cáncer, desorden de ansiedad, dolor crónico, niveles altos de colesterol, abuso de substancias, alergias y enfermedades del corazón.

A través de los muchos ejercicios de respiración asociados con la meditación, hay un renovado flujo de aire llegando a los pulmones. Esto resulta benéfico para todas las personas, pero en especial para aquellas que sufren de asma crónica. El descanso profundo disminuye la tasa metabólica, disminuye la frecuencia cardíaca, así como la tensión muscular. Por lo tanto, los que tienen problemas de insomnio lograrán conciliar el sueño con mayor facilidad, y dormir profundamente sin despertar con frecuencia. Esto lleva a elevar los niveles de energía a lo largo del día, lo que permitirá que el individuo permanezca más alerta y listo para enfrentar lo que la vida le arroje. Y lo mejor de todo, se ha encontrado que los que meditan con regularidad tienen una menor edad biológica de la que su edad sugiere.

Aquí encontrarás una lista de algunos de los beneficios de salud más comunes que puedes experimentar gracias a la meditación.

- Disminución de la presión arterial
- Mejor flujo sanguíneo
- Disminución del ritmo cardiaco
- Menor cantidad de sudor
- Disminución del ritmo respiratorio
- Disminución de los niveles de cortisol en sangre
- Mayor sensación de bienestar

- Disminución el estrés
- Mejor relajación

Beneficios De Salud Mental

La meditación es usada con frecuencia hoy en día como un método de tratamiento de desórdenes psicológicos, tales como ansiedad, estrés y depresión. Cuando practicamos la meditación, el corazón y el ritmo respiratorio disminuyen, la presión sanguínea se normaliza y el oxígeno es usado con mayor eficiencia. Esto provoca que las glándulas adrenales produzcan una menor cantidad de la hormona cortisol, la cual revierte la respuesta al estrés. La meditación no solo se relaciona con la sensación de estar menos estresado, sino que, literalmente, los niveles de estrés disminuyen en el cuerpo. El cuerpo es capaz de equilibrar su propio sistema neuroquímico para reducir cualquier posible desorden. Por ello la meditación permite que disminuyan el nerviosismo, el mal humor, la tendencia a la preocupación y la irritabilidad.

Existe una excelente razón por la que la meditación ha sido practicada por, literalmente, miles de años: ayuda a los individuos a transformar sus vidas. La mayoría de las personas están al tanto de los beneficios físicos de la meditación, incluyendo la reducción de la presión arterial, de los dolores de cabeza y la mejora del funcionamiento del sistema inmunológico.

Sin embargo, muchos estudios han encontrado una tremenda relación entre la meditación y una multitud de beneficios mentales también. La práctica de la meditación ayuda a disminuir el ritmo respiratorio, encontrar paz interior y aclarar la mente de pensamientos erráticos, para así promover una salud mental completa. En esta sección entraré en más detalles de algunos de los beneficios para la salud mental que se pueden alcanzar con la meditación.

Disminución Del Estrés y Ansiedad.

Más y más evidencia es descubierta en las

investigaciones, casi cada año, para respaldar la clara asociación entre la meditación y la disminución en los niveles de estrés y ansiedad. Por ejemplo, en 2007, un estudio publicado en el diario de "Proceedings of National Academy of Science"[1] de la Universidad de Oregón muestra que los investigadores encontraron que participar en un entrenamiento mente-cuerpo de meditación, de hecho ayuda al cuerpo humano a disminuir, a nivel fisiológico, la liberación de cortisol, que se ha llamado la "hormona esteroide del estrés". Como resultado, el estudio encontró que los participantes del estudio, todos ellos universitarios, experimentaron menores niveles de estrés, ansiedad e incluso fatiga, comparado con aquellos que no meditaban.

Basado en estos resultados, es seguro concluir que la meditación puede ayudar a los estudiantes universitarios a lidiar mejor con los retos que representa dicha etapa, tales como manejar la presión de los

---

[1] Actas de la Academia Nacional de Ciencias

exámenes parciales y finales, o de tener que redactar reportes importantes. Obviamente cuando son capaces de manejar mejor el estrés asociado con la universidad, los estudiantes pueden enfocarse mejor y, finalmente, obtener mejores notas como resultado. También en el año de 2008, el "Journal of American College Health"[2] publicó un estudio con resultados similares que demostró como la meditación tiene el poder de reducir el estrés, así como facilitar el perdón.

Recientemente, investigadores del "Wake Forest Baptist Medical Center"[3] publicaron un estudio aún más detallado en el "Social Cognitive and Affective Neuroscience Journal".[4] El estudio involucró 15 participantes que reportaron niveles normales de estrés, sin historial de desórdenes de ansiedad y sin experiencia previa practicando meditación. Para empezar, los participantes se sometieron a escaneo cerebral para registrar su actividad cerebral normal, así como sus

---
[2] Diario del Colegio Americano de Salud
[3] Centro Médico Bautista Bosque en Vigilia
[4] Diario de Neurociencia Social, Cognitiva y Afectiva.

niveles de ansiedad. Luego de participar en tan solo cuatro clases de meditación de veinte minutos, los investigadores realizaron otro escaneo cerebral. El estudio encontró que la meditación impactó la corteza prefrontal ventromedial del cerebro, la cuál es la parte del cerebro responsable de controlar las preocupaciones. Por tanto, los niveles de ansiedad de los participantes disminuyeron en más del 39 por ciento, luego de aprender prácticas de meditación.

En Marzo de 2013, "The Journal of Health Psychology"[5], publicó más evidencia de soporte sobre diferentes relaciones encontradas entre el estrés y la consciencia plena. Conducido por los investigadores de post doctorado de la Universidad de California, el estudio dio seguimiento a 57 participantes, quienes pasaron tres meses en un retiro de meditación Shamatha. Al inicio del estudio se midieron los niveles de cortisol de todos

---

5 El diario de Salud Psicológica

los participantes a través de una prueba en su saliva, y cada uno evaluó sus propios niveles de atención plena en una escala designada. Los investigadores no solo encontraron mucho mayores niveles de atención plena al final del retiro, sino que los resultados de las pruebas demostraron una disminución dramática en los niveles de cortisol.

Es muy benéfico para todos los individuos disminuir sus niveles de ansiedad, pero es aún más crucial para los que batallan con Desorden de Estrés Post Traumático (DEPT). Ya sea que el desorden sea resultado de la guerra, un abuso u otras formas de violencia, el diario "Depression and Anxiety"[6] ha probado que la meditación puede ser la respuesta. En el estudio, pacientes con DEPT de una clínica ambulatoria pasaron por un proceso de ocho semanas de tratamiento de terapia cognitiva basado en meditación. Luego de terminado el programa, los investigadores de la Universidad de Michigan encontraron

---

6 Depresión y Ansiedad

que 73% de los veteranos que participaron en la terapia de meditación tuvieron mejorías en los síntomas de estrés y ansiedad, comparado con solo 33% en el caso de tratamientos convencionales.

Aliviando la depresión

La depresión es una enfermedad mental muy severa, con la que viven cerca de 19 millones de adultos de la población de EUA hoy en día. A pesar de que numerosos antidepresivos y técnicas de terapia han probado ser efectivos, los hallazgos de las investigaciones indican que la meditación puede ser igual de benéfica para aliviar los síntomas paralizantes de la depresión, sin mencionar el hecho de que no tienes que preocuparte de los efectos secundarios que puedes experimentar al consumir medicamentos. "The American College of Rheumatology"[7] publicó un estudio en 2007 que encontró que la meditación es exitosa para aliviar los síntomas de

---
[7] Colegio Americano de Reumatología

mujeres que padecen fibromialgia. Durante el estudio de ocho semanas, las 91 mujeres participantes fueron guiadas por un Licenciado en Psicología Clínica por un entrenamiento en meditación. Al final, los síntomas de depresión mejoraron significativamente para todas los pacientes de las tres evaluaciones realizadas, en comparación con las pacientes del grupo de control.

Una investigación de la Universidad de Exeter y del Proyecto de Atención Plena es Escuelas han provisto también de evidencia de que la meditación no solo es benéfica para los adultos, sino que también lo es para los niños. En el estudio, los investigadores enseñaron técnicas de meditación en 9 lecciones a 256 estudiantes de entre 12 y 16 años de edad. Incluso para los más cínicos por su grupo de edad, los resultados encontraron que los niños y adolescentes que recibieron lecciones de meditación fueron menos propensos a desarrollar depresión u otros desórdenes de conducta. Luego de un seguimiento de tres meses, cerca del 80% de los participantes reportaron continuar usando las técnicas de meditación y haber percibido una mejora en su desempeño académico.

Mejorar el Enfoque y la Concentración

Para aquellos que están atravesando dificultades para permanecer enfocados en sus vidas, los estudios demuestran que la meditación puede ayudar. En un estudio elaborado en 2010, publicado en "The Psychological Science Journal[8], trece investigadores de la Universidad Davis, de California, buscaban evidencia sólida de incremento en la concentración entre los individuos que practican la meditación. Durante un retiro de meditación de tres meses de duración, eligieron a 60 entusiastas de la meditación para participar en pruebas de concentración al inicio y a la mitad del evento. Comparado con la lista del grupo de control, los que

---

[8] El diario de Ciencias Psicológicas

meditaron activamente resultaron presentar mayor enfoque y mayor precisión al completar las pruebas de concentración.

Aunque la mayoría de las personas no se pueden permitir invertir el tiempo y el dinero que implica asistir a un retiro y meditar por seis horas al día, es importante notar que los mismos beneficios de incremento en la concentración y el enfoque se encontraron en estudios más breves también. Por ejemplo, los investigadores de la Universidad Charlotte de Carolina del Norte, encontraron en estudios pasados que los estudiantes universitarios mejoraban su concentración al cabo de tan solo cuatro días.

Luego de que los participantes participaron en cuatro días de entrenamiento de meditación de tan solo 20 minutos diarios, mostraron mejoras significativas en la concentración y habilidades cognitivas críticas relacionadas con el aumento de la cognición. A través de pruebas de comportamiento (baterías) analizando el humor, la atención visual, la vigilia, la memoria y el enfoque, los estudiantes que recibieron entrenamiento en meditación alcanzaron resultados significativamente superiores. Por lo tanto, la meditación no solo ayuda a los estudiantes universitarios a lidiar con el estrés de la Universidad, sino que al mismo tiempo les ayuda a enfocarse y concentrarse mejor en sus estudios. No es de sorprender que dichos estudiantes sean capaces de tener un mejor desempeño.

Aumenta la Felicidad y la Autoconfianza

Como parte de la naturaleza humana, es normal que las personas sean subjetivas cuando se evalúan a sí mismas y sus propias personalidades. Sin embargo, una de las mejores maneras de quitarse los lentes color de rosa es con meditación y atención plena. En estudio publicado por el diario "Perspectives on Psychological

Science"[9], los investigadores descubrieron que la práctica de la meditación ayuda a los individuos a estar más conscientes de su ser interior, sin emociones negativas preconcebidas. Los participantes presentan mayores niveles de estabilidad emocional, más auto consciencia y elevados niveles de emociones positivas relacionadas con la autoconfianza.

En otro estudio del Laboratorio de Neurociencia de la Afectividad de la Universidad de Wisconsin, los investigadores estudiaron imágenes de escaneo cerebral de monjes que practicaban meditación de manera regular. Los resultados supervisados descubrieron que los circuitos cerebrales de quienes han meditado por un largo tiempo es diferente de quienes no lo han hecho. Normalmente, cuando los individuos están tristes o molestos, la amígdala y la corteza pre frontal derecha del cerebro presentan actividad en el escaneo cerebral. Por otro lado, la corteza pre frontal izquierda

---
[9] Perspectivas de Ciencia Psicológica

aumenta su actividad cuando se está de un humor positivo y alegre. Resulta muy interesante resaltar que los monjes presentaron actividad especialmente alta en el córtexpre frontal izquierdo, mostrando así evidencia de que la meditación puede aumentar la felicidad.

Los adultos mayores se encuentran entre las personas más propensas a experimentar soledad e infelicidad, lo que puede llevar a incrementar los riesgos cardiacos y, en algunos casos, a muerte prematura. En el diario "Brain, Behavior, & Immunity"[10], en Julio de 2012 se publicó un estudio que arrojó algo de luz sobre la más reciente herramienta para ayudar a los adultos mayores a combatir la soledad: la meditación. Para el estudio, 40 participantes de alrededor de 55 y 85 años de edad participaron durante ocho semanas en clases en el hogar de meditación y atención plena de una hora de duración diaria. Al término del programa los resultados mostraron

---

[10] Cerebro, Comportamiento e Inmunidad

decremento significativo en los sentimientos de soledad, así como reducción de la inflamación que pudo haberles llevado a enfermedades cardiacas o del cerebro.

En adición a los muchos beneficios mencionados en este artículo, la meditación ha sido vinculada científicamente con el aumento de la inteligencia, fortaleza en las habilidades para la toma de decisiones, mayor funcionamiento de la memoria, y con retrasar el envejecimiento. De hecho, un estudio del "International Journal of Neuroscience"[11] descubrió que las personas que han meditado por cinco o más años son 12 años más jóvenes de lo que representa su edad cronológica.

Muchos individuos comprometidos con la meditación se encuentran intentando romper con algún hábito poco saludable, como fumar o beber. Esta práctica puede ayudar a las personas a alcanzarlo al

---
[11] Diario Internacional de Neurociencia

separar la emoción de la acción. La meditación mejora la comunicación de las personas consigo mismos, lo que les provee de mejor control sobre lo que piensan y lo que hacen. Tener un mejor entendimiento del proceso de pensamiento puede ayudar a remediar, e incluso prevenir, situaciones preocupantes de salud mental.

Beneficios Espirituales

La meditación acerca a las personas al corazón de Dios. No necesariamente se trata de volverse religiosos, pero no existe la menor duda de que aquellos que creen en un Ser Superior o practican la religión, pueden estar más en contacto con su lado religioso a través de la meditación. A través del proceso de vaciar y silenciar la mente, las personas son capaces de experimentar una más profunda comunión en la cual descubrir el poder más allá de este mundo. La paz mental conlleva una elevada consciencia del ser interior. La habilidad de mirar hacia adentro, más allá de la mente, el cuerpo y la personalidad permite que la persona se vuelva trascendente.

Ahí el individuo es capaz de encontrar la propia verdad y formar un vínculo profundo con el Ser Supremo. Las personas que meditan, frecuentemente reportan experimentar la presencia de Dios dentro de ellos, mientras sus pies permanecen plantados en la tierra. Sin embargo, aún si no crees en Dios, la meditación te ayudará espiritualmente. Simplemente reemplaza a Dios con el Universo. De hecho, algunos ven la meditación como el volverse uno con el Universo. Por ello, la meditación es un proceso de autorrealización y permite un despertar espiritual, sin importar quien seas y en lo que creas.

En el mundo de hoy, es fácil quedar atrapado por el estrés de la vida diaria. Por tanto, deberías tomar algo de tiempo de tu ocupada agenda para alejarte y tener un tiempo a solas. Poner tu mente en paz por solo 20 breves minutos al día producirá notables cambios en tu comportamiento, salud, actitud y patrones de pensamiento. Muchos problemas simplemente desaparecerán, mientras otros se volverán mucho más fáciles de enfrentar.

Sin embargo, ni siquiera requieres iniciar con 20 minutos. Incluso si solo logras dedicar cinco minutos al día al principio, eventualmente comenzarás a notar algunos cambios positivos dentro de ti. Comienza con lo que sea que te haga sentir cómodo, y puedes construir a partir de ahí con el paso del tiempo. Lo último que quieres es que la meditación se vuelva algo desalentador, que se convierta en una tarea más a realizar. La meditación no es una tarea más, de hecho debe de ser justo lo opuesto. Debe ser un escape de las tareas mundanas del día a día que consumen casi toda tu vida.

La meditación debe ser algo que estés deseando hacer todos los días. Quizá no te sientas de este modo al inicio, pero está bien. Esa es precisamente la intención de este libro: ayudarte a vencer los obstáculos más comunes que tienen las personas al meditar, y hacerlo lo más disfrutable posible. Por ello es que quizá quieras iniciar con tan solo unos cuantos minutos al día, de este modo no resultarátan desalentador iniciar.

Sin embargo, conforme pase el tiempo, comenzarás anotar que se vuelve más y más fácil, y no tendrás problema en incrementar el tiempo a 10, 15 y hasta 20 minutos a la vez. De hecho, ha habido ocasiones en las que he planeado tan solo meditar por unos 10 minutos, y me he quedado tan perdido en mi profundo y pacífico estado mental que terminaron pasando 20 minutos sin haberme dado cuenta. Por tanto, si te encuentras limitado de tiempo, no sería una mala idea hacer uso de un temporizador por el tiempo que planeas dedicar a la meditación.

Al final de este libro, espero te encuentres convencido de que la meditación no solo es muy benéfica, pero también sea un proceso que disfrutes. Y ciertamente lo será, una vez que la hayas experimentado unas cuantas veces y notes cuan calmado y en paz te sientes al terminar. Así que encuentra un lugar tranquilo, relaja tu cuerpo, silencia tu mente, y permite que el poder curativo de la meditación invada tu cuerpo.

Así que ¿cómo inicio si nunca antes he meditado?

La meditación es un método de ejercicio para la psique, comparable con lo que es un entrenamiento físico para el cuerpo. También, justo como el ejercicio regular, existen numerosos métodos de meditación. En la tradición budista, la palabra meditación es comparable a la palabra deporte. Representa un grupo de acciones, no solo uno en específico. Diversos ejercicios de meditación requieren de diferentes habilidades intelectuales, así como diferentes deportes requieren de distintas habilidades corporales. Es muy difícil para un principiante permanecer sentado por horas con una mente clara. La mayoría del tiempo, un acercamiento simple para iniciar con la meditación es concentrarse en la propia inhalación.

Este ejercicio de meditación es una introducción excelente a las diferentes técnicas.

1. Siéntate o acuéstate tranquilamente.
2. Cierra los ojos.
3. Intenta no influir en tu inhalación, solo respira de manera natural.
4. Dirige tu atención a la inhalación y en el modo en que te mueves en cada respiración.

Observa el movimiento de tu cuerpo mientras respiras. Se testigo de tu cuerpo, tus costillas y tu abdomen. De nuevo intenta no manejar la inhalación y exhalación, sino simplemente dirigir tu concentración. Si tu mente divaga, suavemente regresa tu atención de vuelta a la inhalación. Mantén este ritual por dos o tres minutos para iniciar y luego intenta hacerlo por un mayor periodo de tiempo.

Una práctica de meditación un poco más avanzada tiene que ver con fijarse en una sola cosa a la vez. Puede consistir en observar la inhalación, recitar una sola palabra o entonación, contemplar la luz parpadeante de una vela, escuchar un monótono gong o pasar cuentas de un rosario.

Tonos isocrónicos.

En vista del hecho de que concentrar la psique es complejo, un novato bien puede meditar por solo unos cuantos minutos, y subsecuentemente trabajar en permaneceren una meditación por mayores periodos de tiempo. No obstante, podría suceder que encuentres demasiado difícil sentarte en total quietud y en la actitud mental para meditar apropiadamente, y permanecer enfocado. Un método que te puede apoyar en mantener el enfoque es usar tonos isocrónicos. Estos tonos son una forma extremadamente útil de motivar la mente en forma de audio. Dicha técnica es una muestra de un procedimiento neurológico multifacético identificado como entrenamiento de ondas cerebrales. Este permite la asistencia de incentivos ópticos o auditivos que influyan en la mente y asistan a los individuos con una gran variedad de complicaciones. En su estado más elemental, un tono isocrónico no es otra cosa que un sonido que se enciende y apaga rápidamente, produciendo ritmos penetrantes e idiosincráticos de reverberación.

Al usar tonos isocrónicos para ayudarte a meditar, simplemente transfieres tu atención a la entidad seleccionada cada vez que percibas que tus pensamientos se desvían por la tangente. Como una alternativa para seguir las ideas casuales, simplemente déjalas ir. En el curso de este método se desarrolla tu capacidad para concentrarte.

Meditación de Atención Plena.

Un método que anima al individuo a adherirse a las observaciones arbitrarias que fluyen por el intelecto es la meditación de atención plena. El objetivo es no sumergirse en la reflexión o formarse una opinión de ellas, sino estar consciente de cada comunicación intelectual, conforme estas se van sucediendo. Durante el curso de una meditación de atención plena, podrás comprender de qué manera tus opiniones y estados emocionales tienden a progresar en colecciones específicas. Conforme pasa el tiempo, puedes volverte más consciente de la propensión social a apresurarse a considerar los encuentros como "rectos" o "corruptos".

La meditación de Atención Plena es grandiosa para los principiantes por un par de diferentes razones. El número uno es el aceptar tus pensamientos y tu entorno justo como son. Empezarás a aceptarlo, en lugar de sentirte frustrado al respecto. Lo que encontrarás al hacer esto es que se irá volviendo más y más fácil dejar ir los pensamientos y sonidos a tu alrededor, y enfocar tu atención en lo que sea que te estés concentrando, como puede ser tu respiración.

Otro reto muy común que experimentan muchos principiantes al meditar es aclarar la propia mente. Cuando un principiante intenta meditar, usualmente encontrará que sus pensamientos se volverán más ruidosos e intensos cuando se disponga a meditar. Esto solo lleva a la frustración, y cuando alguien se frustra con sus pensamientos, estos suelen obsesionarle aún más, lo que provoca desde luego que se vuelvan más profundos. No es necesario decir que esto puede desalentar a los novatos de continuar con la meditación.

Sin embargo con la meditación de Atención Plena tú simplemente le das la bienvenida a tus pensamientos y te vuelves más receptivo con respecto a ellos. Eso no significa que te enganches con ellos, sino que simplemente los identificas como pensamientos. Al identificar, y mostrar mayor aceptación del pensamiento que está ocurriendo, puedes simplemente decirte a ti mismo que siempre puedes volver a tu pensamiento más tarde, si así lo deseas. Al disminuir el estrés sobre los pensamientos que fluyen dentro de ti, encontrarás más sencillo dejarlos ir y reenfocarte con tu respiración. Esta es la razón por la cual esta es una grandiosa técnica de meditación para principiantes. Abundaré un poco más sobre meditación de Atención Plena más adelante en el libro.

¿Cuánto tiempo debo meditar?

Encontrando tiempo para meditar con tu apretada agenda

Comprendes que tu vida mejoraría grandemente con la práctica de la meditación diaria, pero encuentras difícil planearlo con tu apretada agenda. Por suerte, no es necesario permitir que una vida ocupada te aparte de los beneficios de la meditación. Practicando desde dos minutos al día de meditación de forma consistente, serás capaz de obtener las recompensas que ello conlleva.

Los beneficios de la meditación diaria.

Al meditar diariamente, verás inmensos beneficios en todas las áreas de tu vida. Notarás que logras permanecer en calma durante la presión en los negocios y las relaciones; podrás analizar los problemas de tu vida sin sucumbir a la ansiedad y, finalmente, podrás tomar la senda del éxito. Con la meditación, ya no serás retenido por la debilidad. En lugar de ello, podrás superarla con una mente clara. Para alcanzar dicha calma y habilidad de controlar el estrés, requieres meditar diariamente.

Encontrando tiempo para meditar con una apretada agenda

Si tienes una agenda muy ocupada, aún puedes encontrar tiempo para meditar diariamente con tremendos resultados. Aunque el tiempo óptimo de meditación es de unos 15 minutos, aún dos minutos al día serán de gran ayuda para superar el estrés. Meditar cualquier cantidad de tiempo, ya sean dos minutos o una hora, es benéfico, siempre y cuando te adhieras a tu nueva rutina. Asegúrate de apegarte a tu nueva agenda de meditación para alcanzar los beneficios. Si tan solo meditas una vez por semana, no puedes esperar alcanzar los muchos beneficios que se pueden experimentar.

Calidad sobre cantidad

Es importante que tomes tu rutina de meditación con seriedad para ver resultados. Si tan solo cuentas con cinco minutos para practicar, entonces usa esos minutos al máximo para avanzar en tu práctica. Te sorprenderás de tu progreso si solo meditas constantemente por unas cuantas semanas. Si te apegas a tu rutina, te encontrarás a ti mismo lleno de calma y con mayor enfoque a lo largo del día.

Cómo meditar en donde sea

Aunque la mejor opción sería meditar en casa, siempre puedes encontrar la forma de tener tu práctica de meditación durante un día ocupado. Toma un momento para meditar en la oficina, o medita por un momento en tu receso para el almuerzo para continuar siendo consistente. Incluso puedes intentar meditar en el camión o el tren. Cuando vas en el camión pareciera no ser el mejor momento para meditar, pero pronto te darás cuenta de que puedes aislarte del ruido a tu alrededor.

Si tienes una agenda realmente frenética, quizá requieras ser un poco más creativo algunas veces. Por ejemplo, quizá en el camino del trabajo a tu casa, usualmente te encuentres atascado en embotellamientos de tráfico por la hora pico. Si sabes que estarás detenido por unos cuantos minutos, ¿por qué no practicar meditación justo en ese momento? Esta puede ser una buena oportunidad para practicar meditación de atención plena.

Continuaremos con esto en otra sección más adelante. Tan solo usar este tiempo para enfocarte en tu respiración, ciertamente será de gran ayuda. Quizá quieras apagar la música, o tocar tonos isocrónicos si los tienes disponibles. Solo asegúrate de mantener los ojos abiertos para notar si el tráfico continúa avanzando. Lo que menos quieres es romper con tu estado de paz mental por causa de una bocina sonando atrás de ti.

Encuentra el mejor momento para meditar

Si logras acomodar el tiempo en tu agenda, intenta meditar por la mañana para iniciar el día con el pie derecho. Podrás iniciar el día con una actitud de calma y una mente clara, y podrás meditar un poco durante el almuerzo para prolongar los beneficios. Sin embargo, esto puede no ser posible debido a tu ocupada agenda, Asegúrate de no estresarte por levantarte más temprano para meditar, ya que reducir el estrés es una de las principales metas de la meditación.

Aunque la mañana es el momento idea, es importante encontrar un tiempo constante en tu agenda diaria. Quizá quieras poner la alarma del despertador unos cinco minutos más temprano para intentar meditar. La diferencia de cinco minutos no tendrá un impacto importante en tu sueño, pero puede lograr una notable diferencia en cómo te sientes a la hora de iniciar el día; sin mencionar el hecho de que te sentirás con mayor energía también. O quizá quieras probar meditar justo antes de ir a la cama. Realmente no importa cuando, con tal de que lo hagas.

Incluso con solo encontrar unos cuantos minutos una o dos veces al día para meditar notarás resultados positivos. Solo encuentra la forma ideal de hacerlo para tu agenda. Siguiendo estos consejos podrás encontrar ese tiempo con cualquier agenda. Asegúrate de ser constante con tu práctica para que valga la pena. Una vez que logres lidiar con esto, te encontrarás con más calma y lograrás una vida más productiva debido a la práctica de la meditación.

¿Cómo debo sentarme?

Muchos de ustedes se preguntarán al iniciar si requieren sentarse de una cierta forma para meditar con propiedad. Querrán saber sobre las diferentes posiciones, y sobre cuál es la mejor posición para ustedes. Voy a hacer esto lo más simple posible: ¡No importa la posición en la que te sientes!

Puede parecer poco convencional decirlo, pero en realidad es así. La única cosa que verdaderamente importa es que te encuentres cómodo y, preferentemente, sentado derecho con la columna recta. Eso es todo. Pero lo más importante es que te sientas cómodo. Así que, si sentarte derecho con la columna recta resulta incómodo, cúrvate un poco si lo requieres.

Recuerda que el principal objetivo al meditar es permanecer enfocado. Es difícil enfocarse cuando te sientes incómodo, o incluso si sientes dolor tratando cierta técnica de posición, tales como la flor de loto con ambos pies sobre tu regazo. Si eres flexible y te gustan los retos, entonces inténtalo, pero para la mayoría de las personas simplemente no es realista. Recuerda, la meditación no debe ser dolorosa, sino placentera.Así que, si la forma en que te sientas te produce dolor o te hace sentir incómodo, lo estas haciendo mal.

Para mayor confort, quizá quieras explorar la posibilidad de comprar un sillón de meditación. No entraré en detalles sobre los diferentes tipos, pero algunos de los más comunes son el Zafu, sillón rectangular o el sillón de media luna. Si deseas encontrar más acerca de simplemente usa tu buscador de internet para ver cuál podría gustarte. También podrías usar una almohada, lo que es suficiente para la mayoría de las personas. Es lo que yo uso, y me funciona de maravilla.

Desde luego, mientras vas avanzando en tu práctica, quizá querrás retarte un poco e intentar alguna posición más avanzada, o quizá solo quieras conocer algunas posiciones diferentes que podrías intentar. Ya sea que esto te describa a ti, o tu solo seas del tipo curioso, iré más allá e incluiré algunas fotografías de diferentes posiciones comunes de meditación con unabreve explicación.

BIRMANA

Esta posición es ideal para principiantes. A menos que seas sumamente flexible, encontrarás muy difíciles la mayoría de las otras posiciones, lo que hace esta posición aún más atractiva para la mayoría. Consiste simplemente en sentarse con las piernas cruzadas con los pies debajo de cada uno de los muslos. Entonces solo siéntate con la espalda derecha, las manos sobre las rodillas son opcionales, pero no son necesarias. Y eso es todo con esta

posición.
Seiza

El nombre viene del japonés y significa "correcto sentar". De entre todas las posiciones, esta es probablemente la más fácil de implementar. Fue adoptada por los japoneses alrededor del siglo 18 como una forma común de sentarse en su cultura. Sin embargo, alrededor del siglo 20 esta práctica se fue volviendo poco común, permanece hasta la fecha como una práctica habitual en algunas artes marciales, tales como el Aikido y el Kendo. Consiste simplemente en sentarse derecho sobre tus rodillas, con las sentaderas posadas sobre los talones. El empeine debe descansar en el piso con los ángulos apuntando ligeramente hacia afuera. Esta posición es ideal para aquellos que son poco flexibles. Al punto de que aún la posición Birmana siga resultando retadora. El único problema con esta posición es que tus rodillas pueden sentir dolor luego de un corto tiempo, por lo que recomiendo que en lugar de realizarla sobre un piso duro y firme, como en la imagen, lo hagas sobre una almohada o cojín.

Loto (¡Auch!)

Para aquellos de ustedes con increíble flexibilidad, que deseen enfrentar un reto, la posición de loto resultará atractiva. Esta posición es muy común en la tradición Budista de meditación. La posición toma su nombre como remembranza del loto,

una flor común en muchas partes de Asia.
Podrás preguntarte por qué alguien intentaría esta posición. Bueno, puedo decirte que la mayoría de las personas no lo harán. Sin embargo, si eres muy flexible y capaz de lograrlo, la posición podría ayudarte con la apropiada respiración. También ayuda con la estabilidad, e induce presión sobre la baja espina, induciendo la relajación. Algunos incluso creen que la posición de loto ayuda a redirigir la irrigación sanguínea de las piernas hacia el abdomen, ayudando con la digestión.

Para los que deseen intentarlo, les recomiendo ampliamente usar un cojín Zafu, o al menos un tapete acolchado, ya que el balance y el confort son sumamente importantes. Primero pon un pie sobre el muslo opuesto, con la planta del pie viendo tan arriba como sea posible. Acomódalo tan cerca como puedas del abdomen. Luego simplemente coloca el otro pie en el muslo opuesto para sentarte de forma simétrica. De ser posible, que ambas rodillas toquen el piso. Tu espina dorsal debe sostener tu dorso con el menor apoyo muscular posible. Tu torso deberá encontrarse directamente sobre tus caderas.

Si eres capaz de lograrlo con éxito, felicítate. Eres probablemente más flexible que el 90 % de las personas en el mundo. Al menos en los Estados Unidos, eso es seguro. Como mencioné anteriormente, el dolor puede distraerte del enfoque y, en casos extremos, incluso puede provocar que te lastimes. Como ya establecimos, esta posición esta simplemente fuera de toda consideración para cualquiera de nosotros. Sin embargo, existe una versión de esta posición ligeramente más sencilla. Se llama medio loto, y la mostraremos a continuación. Pero aún esta posición no es nada sencilla.

Medio Loto

La posición de medio loto es tan solo una versión modificada de la posición de loto. En lugar de tener ambos pies sobre tus muslos, simplemente requieres colocar uno de tus pies sobre el muslo opuesto, y el otro pie por debajo del muslo opuesto. Si no logras subir el pie del todo sobre tu muslo, está bien. Solo inténtalo y asegúrate de poner la planta del pie viendo hacia arriba. Con esta posición, en lugar de sentarte de forma simétrica te sentarás de forma asimétrica.

Esta posición es solo un poco más sencilla que la posición de loto clásica, pero aún no es fácil de alcanzar para la mayoría. Pero aquellos de ustedes que van volviéndose más flexibles, pueden trabajar con ella. Desde luego, no olviden detenerse si experimentan cualquier dolor o incomodidad.

Estas son las posiciones de meditación más comunes. Sin embargo, como mencionamos anteriormente, no necesitas hacer ninguna de estas si no lo deseas. Esencialmente, solo debes hacer lo que resulte lo más cómodo para ti. Quizá quieras sentarte en una silla. Puedes intentar cualquier posición de las arriba mencionadas, o experimentar con tus propias formas. Cualquier posición que puedas encontrar que te haga sentir más cómodo, preferiblemente con la columna erguida, es realmente la que debe usar.

Mantras: ¿Qué hacen? y ¿Necesito usarlos?

Los mantras son medicina para el alma. Se trata de simples cantos, frases y oraciones que son específicamente diseñados para generar vibraciones que faciliten el crecimiento espiritual, la sanidad y la creatividad. Los mantras no son necesariamente para meditar, pero puede ser una buena idea considerar incluirlos en tu práctica de meditación por varias razones. Una de ellas es que ayudan a tu mente a mantenerse enfocada, y previenen el pensamiento inquisidor. También pueden ayudarte a alcanzar un estado de meditación más profundo.

La palabra "mantra" viene de dos palabras sánscritas: "manas", que significa mente y "trai", que significa liberarse. Por lo tanto, los mantras son literalmente herramientas para liberarse de la mente. Para aquellos que son nuevos en la meditación, o quienes son expertos en el silencio transformador, los mantras pueden profundizar la experiencia de meditación, al proveer un enfoque sutil que libera a la mente de las distracciones. Enseguida exploraremos como usarlos, algunos ejemplos de mantras y como estos pueden cambiar tu vida.

Cómo funcionan los mantras

El sánscrito es considerado por muchos lingüistas como la lengua ideal, debido a que su pronunciación correcta lleva a producir vibraciones que ninguna otra lengua puede alcanzar. Los practicantes de meditación usan vibraciones para conectar con el universo y poner en movimiento lo que se manifiesta a través del mantra elegido. Durante una experiencia de meditación, la persona elige unapalabra o serie de palabras que repetirá como mantra. Usualmente, la persona seleccionará un mantra que le hable espiritualmente y provoque una respuesta poderosa. Repitiendo el mantra una y otra vez, se afirma al interior del alma; se filtra bajo la superficie del subconsciente.
Su significado fluye a través de los siete

chacras del cuerpo, que son los centros de procesamiento de energía localizados a lo largo de la espina y la cima de la cabeza. Cada chacra responde a una vibración específica, y los mantras son herramientas para crear una vibración acorde con cada uno de ellos. Imagina cada chacra como un instrumento, y el mantra como un diapasón. Al sonar el diapasón, el instrumento entra en resonancia con él. Esto puede limpiar las energías negativas que no comparten la misma vibración. Así, el mantra limpia al cuerpo de negatividad y malos hábitos, reemplazándolos por otros más positivos.

Ejemplos de mantras

Uno de los mantras más conocidos, y universalmente usado en la meditación es el mantra OM, el mantra de la aceptación y el consentimiento. Esta simple sílaba vibra a 432 Hz, que es el campo vibratorio del Universo. El sonido causa que la energía se reúna y fluya a través de la espina, lo que lo hace un excelente mantra para preparar la energía para el movimiento en la experiencia de meditación. OM ayuda al individuo a aceptar su ser superior, y a permitir a la energía fluir sin impedimento. Incrementar o disminuir la frecuencia del sonido puede crear cambios que coincidan con el Universo, y mantengan quietos los pensamientos.

Otro mantra poderoso es Om Namah Shivaya. Esta frase se traduce como "Honro la divinidad en mi". Si estas familiarizado con el libro Comer, Orar, Amar de Elizabeth Gilbert, es escuchado este mantra que su Gurú le dio. Ella se refiere a este como "La asombrosa Gracia del Sánscrito". Y la energía de este mantra es en verdad asombrosa para construir auto confianza. El mantra ayuda a recordar al individuo que está hecho de energía divina y, por lo tanto, debe ser tratado acorde con ello.

Om Gum Ganapatayei Namah es un mantra poderoso dentro de las enseñanzas de las técnicas de la India. Ganesh es el dios de la sabiduría y el éxito, que destruye los obstáculos. El mantra debe decirse como una oración al dios por bendición y protección. Es el más poderoso para los individuos que están atravesando algún duro reto en sus vidas y necesitan dirección.

Como transforman los mantras

Pasar algunas horas cantando mantras puede tener notables efectos. La vibración de los mantras permite la estimulación de los chacras, lo que permite un estado más relajado de consciencia mental. La mente estará más libre, en calma y le será más fácil evadir las distracciones. Los mantras funcionan en una manera que permite al cuerpo elevarse en un espiritual estado alterado del ser. Son poderosas herramientas para la sanación, pues energizan la vida dentro del individuo. Muchos sanadores usan técnicas con mantras para curar enfermedades o condiciones de salud, lo que demuestra la grandiosa fuente de poder que representan.

Elige los mantras con los que conectes

intuitivamente, y que te hagan sentir que debes introducir tu experiencia de meditación. Quizá no todos ellos sean necesarios, porque seguramente serás muy saludable en algunos aspectos y no en otros. Elige los mantras que resuenen con tus propias necesidades espirituales, y comienza a incorporarlos en tu meditación. Con el paso del tiempo, sentirás el poder de la energía sanadora corriendo por tu cuerpo y cambiara tu vida para mejorar.

¿Qué pasa si no puede quedarme quieto?

Si eres como yo era al iniciar con la meditación, una de tus principales preocupaciones puede ser que simplemente no puedes soportar la idea de permanecer quieto por unos minutos, Si tienes TDAH, o sabes que no puedes quedarte quieto por cualquier razón, encontrarás el concepto completo de la meditación como algo desalentador. Afortunadamente, sin embargo, la meditación no necesariamente significa permanecer sentado con los ojos cerrados por quince minutos, Lo creas o no, puedes incluso meditar mientras caminas, lo que puede resultar ideal para aquellos de nosotros que luchamos para permanecer sentados durante un rato.

Meditar caminando puede ser tan profundo como meditar mientras permaneces sentado, con la ventaja de combinar la experiencia de meditación con actividad física. De hecho, es mucho más sencillo permanecer consciente y prestar atención a tu cuerpo cuando éste está en movimiento que cuando permanece sedentario, lo que hace mucho más fácil implementarlo si estas empezando. Te permite estar más presente en el ahora y con tu cuerpo. El simple movimiento de alternar el pie izquierdo con el pie derecho, naturalmente crea un estado de meditación. Hay una variedad de meditaciones caminando. Los que siguen son muy simples, informales y te proveen de una tremenda auto consciencia.

Cuándo y Dónde

Será mejor practicar la meditación mientras caminas al aire libre, desde luego. Es recomendable que el escenario para la caminata sea un ambiente natural para obtener lo mejor de la experiencia. El simple hecho de estar en la naturaleza incrementa la consciencia y la fisiología. La sensación de la briza, el canto de los pájaros, o ver las alas de un mariposa en vuelo, hará algo dentro de ti que te proveerá energía. Se sugiere apartar al menos 20 minutos para una caminata de meditación, libre de toda distracción. La caminata debe recibir tu atención completa, para que puedas sumergirte por completo en la experiencia de meditación.

Preparación

Antes de comenzar a caminar, asegúrate de tomar un tiempo para prepararte mientras permaneces quieto. Usa la oportunidad para hacerte consciente de tu cuerpo. Respira profundo, inhalando profundamente hacia el abdomen. Coloca todo tu enfoque en percibir esta sensación, mientras permites que tu respiración regrese a la normalidad por sí misma. Toma nota de cómo se siente tu cuerpo mientras permaneces de pie, y enfócate también en todas las sensaciones que entran por tu cuerpo. Esto ayudará a iniciar la experiencia de meditación con mayor concentración y consciencia.

Caminata de Meditación.

Comienza caminando a un paso relajado, moderadamente lento, pero normal. No es necesario ganar una carrera mientras meditas. Enfócate en las sensaciones de tu cuerpo mientras estás en movimiento. Es natural que tu atención se desvíe hacia las bellas vistas que te rodean, pero continua trayendo la atención al interior de tu cuerpo. Pon atención a la experiencia física, y no permitas que te sorprendan pensamientos o preocupaciones. Nota como tu cuerpo siente con mayor detalle cuando prestas atención al movimiento de tu caminar. Siente a todo tu cuerpo involucrándose en la acción, enfócate en el movimiento alternado de tus pies, junto con el de tus brazos y caderas.

Percibe las áreas de tu cuerpo que normalmente no percibes. Nota cómo se sienten tus pies al contacto con tus calcetines y zapatos; siente la textura de la tela rosándolos, mientras sientes el peso de tu cuerpo soportado en ellos. Siente todo tu pie, incluyendo el talón al moverse en el suelo, y cómo el movimiento continúa hacia el frente y los dedos del pie. Pon atención a tu pie mientras se levanta y avanza. Enseguida, permite que tu atención fluya hacia cada parte de tu cuerpo de la misma manera. Lentamente, escanea tus tobillos, pantorrillas, rodillas, muslos, caderas, espalda, pecho, hombros, cuello, brazos, cabeza y hasta tu piel. Puedes proceder poniendo atención a tu cuerpo de manera aleatoria, o puedes proceder de forma más sistemática desde los talones a la cabeza.

Cada vez que percibas alguna tensión a lo largo de tu cuerpo, simplemente déjala ir. Permite que esa parte de tu cuerpo se relaje. Deja que tus caderas y tus brazos se balanceen con soltura, mientras tu cuerpo naturalmente camina. Mientras te relajas, la caminata será más sencilla y disfrutable. Recuerda, lo más importante es enfocar tu consciencia constantemente en tu cuerpo. En cuanto tu mente comience a divagar, devuelve la atención al detalle de tus movimientos.

Asumiendo que estés caminado en un área rodeada de naturaleza, observa lo que te rodea. Trata de enfocar tu atención en la belleza del entorno. Toma un tiempo para apreciar las bellas flores y árboles a tu alrededor. Yo sé que usualmente encuentro muchos patos rondando, y disfruto centrarme en ellos y apreciarlos. Quizá se acerca el otoño, y las hojas comienzan a cambiar de color. Ya sean lindos y suaves animales, o plantas y árboles a tu alrededor, trata de encontrar algo que encuentres hermosos, y enfócate en ello. Cuando te enfocas en aquello que te produce placer, te sentirás más relajado, lo que hará tu paseo de meditación más profundo y efectivo. Por ello, recomiendo encontrar un ambiente más natural. Sin mencionar el hecho de que el mundo industrializado puede ser bastante alocado y estresante, por lo que verte rodeado de naturaleza es una gran manera de escapar temporalmente de dicho ambiente. Esto, desde luego, de nuevo te ayuda a relajarte y a hacer tu experiencia de meditación tan disfrutable como efectiva.

Sobre todo, la caminata de meditación es una maravillosa manera de transformar algo que haces todos los días en una práctica sanadora, nutritiva y disfrutable para despertar auto consciencia. No te preocupes si se siente un poco raro al inicio, continúa enfocado y sigue adelante. Poco a poco se volverá más natural y requerirás de menos esfuerzo. Con la práctica, la caminata de meditación te llevará desarrollar atención plena y consciencia. También ayudará a aliviar cualquier síntoma de enfermedad, disminuirá la presión sanguínea, y reducirá el estrés para mejorar tu estado de ánimo, al tiempo que realizas un buen ejercicio.

Guía para la meditación de Atención Plena

Atención Plena, también conocido como Mindfulness, es un estilo de meditación que consiste en enfocar la mente en el momento presente y desarrollar un estado de tranquilidad y paz interior. La meditación regular de Atención Plena busca equilibrar los estímulos que llegan del medio ambiente con la quietud al interior del alma. La consciencia interior resultante ayuda a las personas a navegar a través de los tiempos difíciles en sus vidas y provee claridad para la rutina diaria.

La meditación de Atención Plena es grandiosa para aquellos que viven rodeados de cierto ruido, o ambientes activos y encuentran difícil por momentos encontrar un lugar solitario y apacible. La razón es que la meditación de Atención Plena utiliza el medio ambiente a tu alrededor para ayudarte a permanecer enfocado. Si no deseas que tu ambiente sea demasiado caótico, ya que puede ser una distracción, con Mindfulness está bien tener algo de ruido aquí y allá.

De modo que, si escuchas demasiado a tus vecinos al hablar, vives cerca del tráfico y puedes oír los autos al pasar constantemente, está bien. Si lo único que puedes hacer es estar solo en un cuarto que no tenga tantas distracciones, al punto de no poder llegar al estado de meditación, entonces estás listo para empezar. La siguiente es una guía de cómo puedes practicar meditación de Atención Plena, y los beneficios que traerá a tu vida diaria.

Ambiente

El primer paso para conectarte de manera efectiva con tu ser interior es encontrar un ambiente sagrado que permita que la claridad se presente. El ambiente perfecto sería uno limpio y claro, libre de distractores y ruidos que puedan provocar la pérdida de la atención. Aparta un espacio dedicado a tu meditación. Asegúrate de tener solamente cosas que te inspiren y representen algo para ti en este espacio; asegúrate de deshacerte del desorden. Tu espacio sagrado personal puede ser una esquina de tu habitación, o puede ser afuera, debajo de un árbol en tu patio trasero. Cualquier espacio que elijas, asegúrate de que sea un lugar en el que te sientas cómodo y en calma.

Postura

Una vez que encuentres un lugar relajante y silencioso para meditar, siéntate en una silla o directamente en el suelo. La postura que tomes al sentarte dictará cómo fluye la energía a través de tu cuerpo, por lo que requieres asumir una postura que asegure la claridad. Mantén la cabeza, cuello y espalda derechos, pero nunca rígidos. Asegúrate de que tus pies reposen sobre el piso, que tus caderas permanezcan centradas y tu espina recta. Es muy útil visualizar que un cordón tira de tu espina desde el techo, como si fueras una marioneta. Permite que tus hombros se relajen y libera la tensión. Esta postura te ayudará a desarrollar claridad mental y creará un nivel óptimo de energía durante tu experiencia de meditación.

Enfoque

Desde luego, el propósito principal de la meditación de Atención Plena es liberar la mente de las distracciones y crear una mente enfocada. Para ello se sugiere que mantengas tu atención en un solo objeto a la vez. Puedes usar una vela, un florero o rosas frescas, o cualquier otro objeto que sea sagrado para ti. Suavemente enfoca la mirada y atención completa en un punto del objeto. Será más difícil de lo que crees, pero se paciente contigo mismo y practica. Eventualmente sentirás la energía cambiar, mientras un estado de calma recorre y limpia tu cuerpo.

Respiración

Frecuentemente damos nuestra respiración por sentada y no le prestamos mucha atención. Pero la meditación de

Atención Plena estriba en enfocar la atención en la sensación del aire al inhalar y exhalar. Siente como tu pecho sube y baja, el aire entrando por tus fosas nasales y saliendo por tu boca. La vida es un precioso presente, y la respiración es lo que la sustenta, de modo que enfocarte en el ritmo natural de tu respiración creará un mayor agradecimiento y aprecio por cada respiro al mismo tiempo que generará paz interior.

Pensamientos

Presta atención a cada pensamiento que pasa por tu mente. Observa a cada pensamiento entrar a tu mente y salir de ella, déjalo ir. Ya sea una preocupación o una esperanza, no lo suprimas o ignores. En lugar de ello, simplemente toma nota y etiquétalo como un pensamiento. Permanece en calma, y mantén el mismo ritmo pausado de respiración. Si te sientes que tu mente te lleva lejos con pensamientos apresurados, examina de qué se tratan. Recuerda no ser duro contigo mismo y no juzgarte si esto sucede. Es normal, y de hecho te ayudará a ser consciente sobre en qué está tu mente. La meditación de Atención Plena puede ser ideal para muchas personas que buscan métodos de crecimiento personal y espiritual. Es perfecta para individuos que llevan vidas ocupadas y tienen dificultades al enfocarse en el momento presente, sin quedar atrapados en el pasado o el futuro. Puede ser de excelente apoyo para los que sufren de estrés crónico, ya que reduce la ansiedad y disminuye la presión arterial. Mindfulness puede representar beneficios para todos, tales como mejorar el estilo de vida en los ámbitos físico y emocional, optimizar la función inmunológica e incrementar la auto aceptación.

Meditación Taoista

La meditación Taoista guarda ciertas similitudes con los sistemas de meditación Hinduista y Budista. Sin embargo, el método Taoísta es mucho menos abstracto y más aterrizado que las tradiciones más contemplativas. Después de todo, la experiencia de meditación no tiene una intención particular, es una meditación indirecta sin técnicas o nociones preestablecidas. La meditación taoísta únicamente se enfoca en la creación, transformación y transmisión de la energía interior del individuo. Lo siguiente es una guía a fondo de la filosofía detrás de la meditación Taoista y como puede ser alcanzada.

Filosofía de Paz Interior
Los registros indican que los ejercicios de respiración asociados a la meditación Taoista han sido practicados desde el año 100 a.C., y quizá su origen sea aún anterior. Una creencia central de esta filosofía es que la respiración correcta

permite que la energía fluya a través del cuerpo. La intención de su creación fue calmar la mente y el cuerpo de pensamientos intrascendentes, para que el individuo pueda alcanzar su fortaleza óptima.

El Taoismo enfatiza dos directrices principales de su meditación, a las cuáles se refieren como Jing y Ding. Jing es el silencio y la quietud, mientras que Ding se refiere a la concentración y el enfoque. Ellos creían que combinar ambas permite a la persona dirigir la atención al interior, y apagar los sentidos externos, a los que llamaban "los cinco ladrones". La meditación Taoista tiene la meta de desarrollar consciencia, con atención plena, libre por completo de distracciones y un estado mental indiferenciado. Desde ahí, los individuos son capaces de experimentar percepción interna natural, sentirse iluminados por el flujo de la energía y alcanzar la paz interior.

¿Cómo funciona?

A pesar de que la meditación Taoísta es una de las formas más simples, con frecuencia se considera como la más difícil. No hay técnicas requeridas o posturas especiales que se requieran para alcanzar este inexplorado estado de meditación. Por el contrario, consiste únicamente en experimentar las sensaciones y los cambios que surjan en la energía. Dicho esto, existen algunos pasos útiles que seguir para esta meditación, pero la forma en la que desees conducir tu experiencia de meditación es tu elección.

Uno de los primeros pasos es, usualmente, asumir una posición confortable, con una postura fuerte para soportar tu cuerpo. Suele recomendarse sentarse en la dirección del sol, descansar las palmas suavemente sobre los muslos, sobre las rodillas. Estirar la espina y equilibrar tu peso. Inicia poniendo tu atención a las sensaciones físicas de tu cuerpo, tales como la sensación de la brisa fría o cálida sobre tu piel.

Una vez que hayas logrado la consciencia a

este nivel, cambia la atención hacia la respiración y la energía. Enfócate en el ritmo de tu respiración, mientras atesoras el flujo que entra y sale de tus pulmones a través de la nariz. Nota el flujo de energía que se transmite de dentro hacia afuera de los puntos vitales de tu cuerpo, incluyendo el punto entre tus cejas. Concéntrate en el subir y bajar de tu pecho, junto con el abdomen que se expande.

Con los ojos entre cerrados, visualiza la flama de una vela o un mandala delante de ti. Enfócate en el centro del objeto, mientras observas los bordes con tu vista periférica. Concentrarte de este modo, ayudará dramáticamente a borrar cualquier distracción o pensamiento que entre a tu mente. Adicionalmente, algunas personas encuentran de gran ayuda recitar mantras para armonizar la energía y aumentar la consciencia.

Los taoístas usan generalmente tres silabas muy efectivas: "OM", "AH" y "HUM". Nota como las vibraciones creadas con estos mantras alcanzan a diferentes puntos energéticos de tu cuerpo. Si tu mente continua divagando, no crees juicios al respecto o energía negativa al reprenderte. Mejor visualiza un símbolo sagrado o deidad personal que sea significativo para ti, y úsalo para reenfocar tu atención.

Lo que la meditación taoísta requiere es, sobre todo, práctica diaria para así obtener lo mejor de las experiencias de meditación. Los maestros taoístas advierten que cuando inicias, la mente no suele cooperar. Se piensa que se trata de tu mente emocional luchado en contra de su extinción bajo las fuerzas poderosas de la espiritualidad. Debes aprender cómo aprovechar los sentidos y emociones de la mente, para liberar el espíritu interior y la energía, y así obtener un entendimiento más profundo.

La meditación Taoista es renombrada por el tremendo impacto en el alivio del estrés y reducción de ansiedad que acechan en cada rincón en nuestra vida diaria. Una vez que alcances la energía, esta puede ser provista a todo tu cuerpo para mejorar tu salud, longevidad y la transformación de la mente.

Meditación Zen

La meditación Zen está asociada con el budismo, el cual pone el énfasis en la meditación como su técnica central para unificar el cuerpo y la mente. El objetivo de la práctica es calmar la mente y enfocarse, incrementando en la experiencia la auto consciencia del individuo. La meditación Zen alcanza este objetivo al concentrarse en borrar todos los pensamientos, y enfocándose solamente en la postura y la respiración. La guía que incluimos a continuación te dirigirá por la meditación Zen, incluyendo la filosofía detrás de la misma, y porque deberías probarla.

Filosofía Sanadora

La meditación Zen tiene sus raíces dentro de la religión budista. De acuerdo a su fe, todas las personas poseen "el carácter de Buda", lo que se refiere a una sabiduría interior ilimitada. Se cree que solo se puede acceder a esta sabiduría experimentando el estado mental más natural. Por ello, la meditación Zen surgió como la forma de alcanzar tal estado mental, entonando el mundo alrededor y enfocando en la naturaleza interior del alma. La religión cree que la sabiduría debe ser alcanzada al construir consciencia, auto observación y experiencia práctica, en lugar de a través de las escrituras. Alcanzar la "naturaleza de buda" permite lograr un entendimiento más profundo del mundo, de uno mismo y de los demás. Algunas personas perciben recibir por completo un nuevo sentido del conocimiento y la consciencia. El budismo enseña que la meditación Zen permite a los individuos encontrar paz y armonía en el mundo. Se cree que la forma de meditación conduce a la persona hacia el Satori, que es el primer paso para alcanzar el nirvana al despertar la verdadera naturaleza interna.

¿Cómo funciona?

Comienza por encontrar una ubicación

silenciosa y libre de distracciones que resulte idea para la meditación. La hora usualmente más beneficiosa para meditar es por la mañana muy temprano, o muy tarde por la noche, dependiendo de tus preferencias personales. Cualquiera que sea el momento, asegúrate de no sentirte cansado, ya que lo que menos quieres es meditar para quedarte dormido. También viste de manera cómoda, con ropa suelta que no te distraiga o reprima tu respiración. Consigue un tapete, cojin o sillón para sentirte cómodo y sostenido durante la experiencia.

Ya estás listo para iniciar con tu meditación Zen. El primer paso para alcanzar una experiencia de meditación positiva es elegir la posición correcta para sentarte, y existen muchas de dónde elegir. Por ejemplo, está la posición de flor de loto, que es una posición estable que consiste en poner ambos pies sobre el muslo opuesto. Sin embargo esta posición puede ser confortable o, por el contrario, dolorosa para algunas personas. Existe una modificación: la posición de medio loto, que consiste en poner el pie izquierdo sobre el muslo derecho, y la pierna izquierda debajo del muslo derecho. Asegúrate de hacer suficientes pruebas para estar seguro de encontrar la posición que se acomode mejor para tus necesidades específicas, optimizando tu experiencia. Una vez sentado, mantén tu espalda y espina rectos en una posición fuerte.

Inicia aclarando tu mente de cualquier pensamiento errante, y enfoca la atención en tu respiración. Puedes mantener los ojos cerrados o abiertos, depende de lo que funcione mejor para ti. Enfócate contando cada inhalación y exhalación hasta llegar a diez y empieza de nuevo. Puede ser que tu mente empiece a divagar, pero no te castigues por ello. Mejor se consciente de ese pensamiento y continúa contando. Eventualmente, con el tiempo, no será necesario contar y podrás simplemente concentrarte de manera natural en tu respiración. No tengas miedo de explorar la quietud y descubrir la consciencia oculta dentro de ti. Esfuérzate por meditar quince minutos al inicio, y ve incrementando el tiempo hasta llegar a una hora de meditación.

Beneficios

Aun cuando esta experiencia está muy vinculada con las creencias de la religión budista, no necesitas pertenecer a ella para disfrutar participar en la meditación Zen, y alcanzar la amplia variedad de beneficios. Ha demostrado reducir el estrés y ansiedad significativamente, mientras permite al individuo enfrentar la depresión con facilidad. También mejora la postura, concentración y el sistema inmunológico, así como la autoconfianza. Puede ser difícil aclarar la mente al inicio, pero continúa practicando, eventualmente experimentarás un mayor estado de consciencia, que optimizará en gran medida tu salud y bienestar general.

Meditación Guiada

La meditación guiada permite a la mente ser dirigida en una ruta en particular, al enfocarte en la contemplación y reflexión. Los individuos que participan en esta forma de meditación, suelen seguir a un profesional que verbaliza la meditación guiada en una grabación, o grabarse a sí mismos para escucharlo más tarde. La clave para tener una experiencia exitosa es dejar ir todos los pensamientos que obstruyen tu mente, dejando al subconsciente seguir las palabras que escucha. La mente consciente se quedará dormida, y de este modo el subconsciente es obligado a tomar la delantera y así liberar emociones inconscientes.

La meditación guiada consiste en que un individuo es guiado verbalmente por una experiencia de meditación, para alcanzar la relajación y consciencia. Debido a que este tipo de meditación permite al practicante ser guiado tanto por una grabación como por una voz presente, es uno de los métodos más sencillos de lograr un estado profundo de quietud y paz. Por ello, la meditación guiada es ideal para las personas que tienen dificultad para permanecer enfocados y tranquilos durante otros tipos de meditación. Es también perfecta para aquellos que necesitan ser guiados en su viaje interior, o motivados para cavar más profundamente, lejos de la superficie.

¿Cómo funciona la meditación guiada?

La meditación guiada suele tener lugar en una clase con un instructor de meditación, o en casa escuchando una grabación. En la mayoría de los casos, el guía pide a los practicantes sentarse o recostarse de forma confortable. El guía te dirigirá por varias visualizaciones o sensaciones que con la intención de relajarte. Mientras te relajas con la meditación, tu mente se aclarará y el estrés desaparecerá. En un estado de profunda relajación, el subconsciente se abrirá a un viaje interior para mejorar cualquier aspecto de tu vida que se requiera.

La duración de las meditaciones guiadas va desde cinco minutos hasta una hora, pero la duración de la mayoría varía entre 15 minutos y media hora. Algunos guías incluirán en su práctica música clásica tranquila, y otros algo de rock. La meditación guiada puede adaptarse para alcanzar los objetivos del individuo, tales como empoderamiento, actitud positiva, relajación y frescura emociona con toda una nueva visión. Abajo encontrarás un breve ejemplo de un guion que asemeja la grabación de una meditación guiada.

Ejemplo de guion para meditación guiada: Encuentra un lugar silencioso para sentarte confortablemente. Apaga el teléfono, usa luces tenues y enciende alguna vela aromática. Reposa suavemente las manos sobre tu regazo, permite que la tensión de tus hombros se vaya y cierra los ojos. Es tiempo de relajarte y permanecer en quietud sin distracciones. Es tu tiempo. Toma una larga respiración profunda y lenta. Sostenla por un momento, y luego déjala salir lentamente en una exhalación.

Permítete entrar gradualmente en total relajación, siente como si tus pies se hundieran en la arena de la playa. Deja que la tensión se disipe, mientras respiras cada vez más profundamente en cada inhalación. Toma otra larga y profunda inhalación, sostenla un momento y déjalo salir. Vacía todo el aire de tus pulmones en la exhalación. Siente como eres llevado a un estado de profunda relajación. Continúa enfocado en tu respirar lenta y tranquilamente. Permite a tu cuerpo relajarse y disfruta las sensaciones a lo largo de él.

Ahora, trae tu atención a la coronilla de tu cabeza. Siente como la relajación empieza a extenderse a lo largo de tu cuerpo, desde la cima de tu cabeza. Permite a los músculos de tu cabeza y cara relajarse. Siente la relajación correr hacia abajo, pasando por tus ojos, mejillas y mandíbula. Suaviza los músculos de tu cara, liberando toda la presión. Permite que la sensación de paz fluya hacia tu cuello, entre a tus hombros y libere la tensión, hasta estar en

calma por completo. Respira profundamente.
Mientras tu cuerpo continúa relajándose, deja que tu mente se aclare. Siente como los pensamientos pierden peso, flotando a través de tu mente, como las hojas con la brisa del otoño. Deja que la paz fluya por tus hombros, pecho y abdomen. Siente el abdomen al subir y bajar con cada respiración, profunda y gentilmente. Percibe la relajación extenderse por tu espalda y bajar por tu columna. Se consciente de la sensación de paz mientras avanza hacia abajo para relajar tus glúteos.
Permite que la tensión fluya gradualmente, abandonando tus muslos, por el frente y por detrás. La sensación de calma entonces fluye por tus corvas y rodillas; relaja tus tobillos y pies. Enfócate en liberar la tensión de cada uno de los dedos de tus pies. Todo tu cuerpo está en una profunda tranquilidad y relajación. Siente el vacío y la quietud. El tiempo no pasa. Disfruta la soledad y la quietud interior. Cuando los pensamientos crucen tu mente,

solo libéralos y regresa a la consciencia. Ella te guiará a casa. Felicítate por el éxito que has tenido al soltarte.

Poderosos beneficios de la Meditación Guiada.

Las meditaciones guiadas son únicas por que permiten entrar en un profundo estado de balance físico, emocional, mental y hasta energético. Como resultado, las meditaciones guiadas te permiten disminuir la ansiedad, eliminar la depresión, reducir el estrés, mejorar la memoria e incrementar la creatividad.

Además, los beneficios físicos de la meditación guiada incluyen liberar la tensión muscular, fortalecer las funciones del sistema inmunológico, disminuir los niveles de colesterol y de la hormonas del estrés. Con esta forma de meditación, puedes ser dirigido para elevar los sentimientos de vitalidad, positividad y confianza para transformar tu vida.

Por tanto, la meditación guiada es ideal para los individuos que lidian con depresión, estrés o ansiedad o baja autoestima. A través de la contemplación profunda, podrás reemplazar el programa mental negativo con un pensamiento positivo creciente que acompañe tu camino. Con la meditación guiada, serás capaz también de enfrentar el estrés con mayor facilidad, dejarás de invertir mucho tiempo preocupándote. En lugar de ello, puedes crear una conexión profunda con tu ser interior y liberar tu mente subconsciente.

Otras Técnicas de Meditación

Aunque la meditación es universal, existen numerosas formas de meditación que varían entre sí en sus prácticas y objetivos, como se mostró en los capítulos anteriores. Algunas veces se requieren algunos ajustes para encontrar la técnica que se ajuste a la personalidad e intereses de cada individuo. Enseguida encontrarás otras cuatro técnicas excepcionales de meditación, que deberías considerar incluir en tus experiencias de meditación para incrementar los beneficios.

Meditación de Yoga

Cuando se combinan el yoga y la meditación crean una poderosa herramienta que puede beneficiar significativamente al individuo. La práctica es ideal para aquellos que están en la búsqueda de nuevas formas de mejorar su calidad de vida, tanto emocional como física. Lo hace llevando al cuerpo a un estado de reflexión y concentración. Promueve la paz del pensamiento, lo que ha probado reducir el estrés y la presión de la vida diaria. A través de las posturas del cuerpo, y los ejercicios de limpieza de la mente, la meditación del yoga provee relajación, agilidad y paz interior al mismo tiempo.

Los individuos que practican meditación de yoga con regularidad experimentan tremendos beneficios. Muchas personas han logrado disminuir la presión sanguínea, normalizar el ritmo cardiaco y mejorar de forma considerable su sistema inmunológico. Al usarla correctamente, se puede percibir la disminución de la enfermedad y se podrán combatir más fácilmente con ciertos padecimientos. Además, las personas que tienden a caer en una mentalidad negativa, desesperanza e inquietud notarán incrementarse sus niveles de felicidades y autoconsciencia.

Tai Chi

A pesar de haber sido diseñado originalmente para defensa personal, el tai chi ha evolucionado en una forma de ejercicio meditativo, útil para reducir de manera importante los niveles de estrés y la ansiedad. Afectuosamente llamado meditación en movimiento, el tai chi consiste en unaserie de movimientos llevados a cabo lentamente, y con atención. Combinado con ejercicios de respiración profunda, es una forma gentil de ejercicio y estiramiento que mantiene el cuerpo en constante movimiento. Al ser de bajo impacto, el tai chi es ideal para personas a quienes aquejan ciertos padecimientos físicos, tales como artritis y dolor crónico.

Incluir el tai chi en tu régimen de ejercicio

y de experiencias de meditación dará como resultado beneficios positivos para mejorar tu salud en general. Notarás un aumento de energía, estamina, flexibilidad, balance, agilidad, capacidad aeróbica y fuerza muscular. Además, el tai chi ayuda a mejorar la calidad del sueño, optimizar el sistema inmunológico, disminuir los niveles de estrés y disminuir el dolor articular. Existen muchas clases de tai chi disponibles en centros comunitarios hoy en día, así que te invito a buscar un instructor para aprender de él, además de unirte a una clase en la que te sientas bienvenido, para agregar socialización.

Meditación Trascendental

También conocida como MT, esta forma de meditación está dirigida a las personas que buscan una forma de mejorar su auto consciencia y de eliminar pensamientos distractores. Al meditar, los individuos se sientan en una posición confortable con los ojos cerrados y repiten mantras. Con esta experiencia, el proceso mental ordinario trasciende a un estado de consciencia pura.

Podrás alcanzar la estabilidad perfecta, orden, calma y liberarte de los límites mentales que restringen tus pensamientos. Los beneficios asociados con MT incluyen limpieza de patrones de pensamientos, mejorar la salud general y longevidad, reducir el dolor crónico, disminuir los niveles de ansiedad así como el riesgo de enfermedades cardiovasculares.

Como puedes ver, existen diferentes opciones disponibles para elegir. Es recomendable hacer una investigación más exhaustiva de estas alternativas, y algunas otras, para poder encontrar la que se ajuste a tu estilo de vida. Una vez que encuentras con la correcta, será como encajar la última pieza de un rompecabezas, y tu salud se disparará.

Cómo meditar para dormir

Si eres de las personas que tienen problemas para dormir, no hay duda de que la meditación puede ayudarte con eso. Existen técnicas de meditación que puedes usar específicamente para ayudarte a conciliar el sueño. La siguiente sección te mostrará cómo usar la meditación para ayudarte a conciliar el sueño. Lo he dividido en cuatro pasos.

Primer paso:

Primero que nada, es muy importante sentarte de manera confortable. Tu cama puede ser, de hecho, una buena opción. Normalmente no se recomienda sentarte en tu cama, ya que puedes quedarte dormido al estar tan relajado, pero siendo en esta ocasión el principal objetivo es quedarte dormido, tu cama parece ser el lugar ideal para sentarte para esta técnica.

Segundo paso:

Ahora requieres enfocarte en algo. Una pequeña vela sería idónea, pero cualquier punto en la pared también puede servir. Asegúrate de que el punto esté a al altura de tu vista, o solo un poco más arriba o abajo. Ahora respira lentamente, permitiendo que el abdomen se expanda y contraiga mientras lo haces. Tal como normalmente lo haces al meditar.

Comienza anotar como tus músculos se relajan. También nota como tus párpados comienzan a sentirse más pesados. Quizá quieras escanear tu cuerpo, desde los dedos de los pies hasta la cabeza. Mientras recorres tu cuerpo, nota como cada músculo en particular comienza a relajarse. Siente la tensión en ellos liberarse cada vez que exhalas. Mientras tanto, tus párpados se vuelven pesados. Comienza a contar las inhalaciones hasta llegar a diez. Al terminar, cierra los ojos y percibe la calma y paz que estas sintiendo.

Tercer paso:

Ahora cierra los ojos e imagínate bajando por una escalera. Mientras desciendes, cuenta hacia atrás a partir del 20. En lo personal, me gusta imaginarme bajando en la obscuridad. Cuando termines de contar y de bajar, continúa caminando hacia el frente.

Cuarto paso:

Mientras caminas de frente, imagina un camino natural que te conduce a una bella playa. En medio de la playa encuentras una acogedora bolsa de dormir, junto a una fogata. Mientras te acuestas en ella, escucha el sonido de las olas meciéndose con gentileza en la orilla del mar. En este punto, cuenta hacia atrás lentamente desde 10. Cuando termines, apaga la luz y acuéstate en tu cama. Deberás estar sumamente relajado y no tener problema para conciliar el sueño.

Solo me resta señalar que puedes cambiar el escenario si lo deseas. Quizá te guste la playa, pero te sientas más en paz en un bosque. El punto es que te imagines a ti mismo en un escenario que te traiga paz y calma. Así que cualquiera que sea, substitúyelo por el ejemplo anterior.

Pensamientos Finales

Este libro ha mostrado la técnica de varios métodos de meditación que puedes empezar a usar hoy miso. He querido presentar los más posibles, para asegurarme de apelar a la necesidad de cada persona. Casi puedo asegurar que aquí se encuentra una técnica apta para todos. Quizá quieras probarlas todas para ver cuál es la que más te gusta. Está bien, pero imagino que será mejor enfocarte a perfeccionar una técnica a la vez. No querrás verte abrumado.

Quizá solo termines intentando una técnica o dos de las presentadas en este libro. Eso también estará bien. La clave es encontrar lo que funcione mejor para ti y hacerlo. Ya lo he mencionado antes, pero vale la pena repetirlo. La única forma en la que puedes fallar al meditar es no intentarlo. No existe un método absoluto, incluso puedes tomar una de las técnicas y hacer pequeñas modificaciones por que sientes que funciona mejor para ti.

www.ingramcontent.com/pod-product-compliance
Lightning Source LLC
Chambersburg PA
CBHW071851070526
44583CB00016B/1634